MANUAL DE SENTENÇA TRABALHISTA

COMPREENDENDO A TÉCNICA DA SENTENÇA TRABALHISTA PARA CONCURSO

2ª EDIÇÃO

ALINE LEPORACI
ADRIANA LEANDRO DE SOUSA FREITAS

MANUAL DE SENTENÇA TRABALHISTA

COMPREENDENDO A TÉCNICA DA SENTENÇA TRABALHISTA PARA CONCURSO

2ª EDIÇÃO

Freitas Bastos Editora

Direção Editorial: Isaac D. Abulafia
Gerência Editorial: Marisol Soto
Diagramação e Capa: Madalena Araújo

Dados Internacionais de Catalogação na Publicação (CIP)
de acordo com ISBD

598m Leporaci, Aline

Manual de Sentença Trabalhista: Compreendendo a técnica da Sentença Trabalhista para Concurso / Aline Leporaci, Adriana Leandro de Sousa Freitas. - Rio de Janeiro, RJ : Freitas Bastos, 2023.

232 p. : 15,5cm x 23cm.

ISBN: 978-65-5675-263-1

1. Direito. 2. Direito do Trabalho. I. Freitas, Adriana Leandro de Sousa. II. Título.

2023-352 CDD 344.01
CDU 349.2

Elaborado por Odilio Hilario Moreira Junior - CRB-8/9949

Índice para catálogo sistemático:
1. Direito do Trabalho 344.01
2. Direito do Trabalho 349.2

Freitas Bastos Editora
atendimento@freitasbastos.com
www.freitasbastos.com

SOBRE AS AUTORAS

ALINE LEPORACI

Juíza Titular de Vara do Trabalho do TRT da 1ª Região

Especialista em Direito e Processo do Trabalho

Professora de Pós-Graduação e do Curso Aline Leporaci Cursos Jurídicos | www.profalineleporaci.com.br

ADRIANA LEANDRO DE SOUSA FREITAS

Juíza Titular de Vara do Trabalho do TRT da 1ª Região

Mestre em Direito

Professora Universitária e do Curso Aline Leporaci Cursos Jurídicos | www.profalineleporaci.com.br

DEDICATÓRIA

“O concurso da Magistratura é normalmente um sonho que todo candidato almeja.

Além das horas de dedicação ao estudo é importante o preparo emocional.

A intenção na elaboração do presente trabalho é acima de tudo ser mais um instrumento de colaboração para que o candidato possa conquistar a sua vitória, com a aprovação.

Não temos a pretensão de esgotar toda a temática, mas simplesmente passar mais uma visão da técnica da sentença.

Agradeço em especial **à minha** família (Giuliana Leandro de Sousa Freitas, Marilena Leandro de Sousa e Luciano Leandro de Sousa), sem ela nada é possível.

Agradeço aos nossos alunos que sempre acreditaram no nosso trabalho e nos inspiram a fazê-lo cada vez mais e melhor”.

ADRIANA LEANDRO

Mais uma vez agradeço à minha família, que me ajuda, incentiva e entende minhas ausências em virtude do trabalho. A eles dedico, e dedicarei sempre, todo meu sucesso.

Ao meu filho Bernardo, amor da minha vida, razão da minha existência. Te amo, meu filho. Todo o meu amor e agradecimento eternos por Deus ter escolhido você para ser meu filho.

No entanto, essa segunda edição tem uma dedicatória e um agradecimento ainda mais especial, e ele vai para os meus alunos, que propiciaram o sucesso da primeira edição desse livro, e proporcionaram a segunda edição. Obrigada sempre por todo o reconhecimento e confiança no meu trabalho. Esse livro é para vocês.

ALINE LEPORACI

"A vitória se alcança com a conjugação de esforço e com o equilíbrio da mente com o corpo."

William Douglas

PREFÁCIO

Recebi com muita alegria o convite para prefaciar o livro das juízas e professoras Aline Leporaci e Adriana Leandro de Sousa Freitas, intitulado **MANUAL DE SENTENÇA TRABALHISTA,** que tem por objetivo mostrar os caminhos e dar luzes para todos aqueles que se interessam pela sentença trabalhista, especialmente aos candidatos do concorrido concurso da magistratura do trabalho.

A palavra sentença vem do latim *sentire*, que significa sentimento. Por isso, podemos dizer que a sentença é o sentimento do juiz sobre o processo. É a peça de maior prestígio da relação jurídica processual, na qual o juiz irá decidir se acolhe ou não a pretensão posta em juízo, ou extinguirá o processo sem resolução do mérito.

A sentença, na perspectiva moderna, é o ato judicial por meio do qual se opera o comando abstrato da lei às situações concretas, que se realiza mediante uma atividade cognitiva, intelectiva e lógica do juiz, como agente da jurisdição[1].

Para alguns, é sentença um ato de vontade, no sentido de atendimento à vontade da lei, mas também um comando estatal ao qual devem obediência os atingidos pela decisão. Para outros, constitui um ato de inteligência do juiz, por meio do qual este faz a análise detida dos fatos, crítica ao direito e propõe a conclusão, declarando a cada um o que é seu por direito.

Não obstante, há consenso de que a sentença é o ponto culminante do processo, sendo a principal peça processual. É ato privativo do juiz (art. 203, § 1º, do CPC) e personalíssimo do magistrado, entretanto, a sentença deve seguir os requisitos legais e formais de validade (arts. 832 da CLT e 489 do CPC).

---

1 NORONHA, Carlos Silveira. Sentença civil — *perfil histórico-dogmático.* São Paulo: RT, 1995. p. 279.

Como bem destaca *Moacyr Amaral Santos*[2], atendendo a que, na formação da sentença, o juiz desenvolve um trabalho lógico de crítica dos fatos e do direito, do que resulta a conclusão ou decisão, uma parte da doutrina (UGO ROCCO, João Monteiro) atribui à sentença natureza de simples ato de inteligência. A sentença é o resultado de um trabalho lógico do juiz, pois um ato lógico, e, portanto, de *inteligência*.

A sentença não é só um ato de inteligência do juiz, mas também um ato de vontade, no sentido de submeter a pretensão posta em juízo à vontade da lei ou do ordenamento jurídico, e também de submeter as partes ao comando sentencial. Além disso, a sentença também é um ato de justiça, no qual o juiz, além de valorar os fatos e subsumi-los à lei, fará a interpretação do ordenamento jurídico de forma justa e equânime, atendendo não só aos ditames da Justiça no caso concreto, mas ao bem comum (art. 5º da LINDB).

Portanto, a natureza jurídica da sentença é de um ato complexo, sendo um misto de ato de inteligência do juiz, de aplicação da vontade da lei ao caso concreto, e, acima de tudo, um ato de justiça. Como bem adverte *José Augusto Rodrigues Pinto*[3], a sentença é um ato de *consciência* que estabelece o *elo entre o jurídico e o justo*[4].

A prova de sentença é a mais sofisticada do concurso da magistratura do trabalho, pois exige, além do conhecimento do direito, técnica de redação, equilíbrio e ponderação do candidato ao decidir. Trata-se de prova prática e em muito se assemelha aos processos que tramitam pelas Varas Trabalhistas.

---

2 SANTOS, Moacyr Amaral. *Primeiras linhas de direito processual civil*. 3. v., 17. ed. São Paulo: Saraiva, 1997. p. 10-11.

3 RODRIGUES PINTO, José Augusto. *Processo trabalhista de conhecimento*. 7. ed. São Paulo: LTr, 2005. p. 554.

4 Como ensina Tercio Sampaio Ferraz Jr.: "A justiça enquanto código doador de sentido ao direito é um princípio regulativo do direito, mas não constitutivo [...] o direito é uma organização de relações de poder. Seu princípio constitutivo é a impositividade autoritária. Todavia, seu princípio regulativo, que lhe confere sentido, é a justiça" (*Introdução ao estudo do direito*. 5. ed. São Paulo: Atlas, 2007. p. 372).

Atento às necessidades dos candidatos à magistratura trabalhista, esta obra nos traz, em escrita agradável e de fácil entendimento, as técnicas de preparação para a prova, os principais exercícios para treinamento, e, principalmente, a forma como o candidato deve se portar quando da realização da prova, otimizando o tempo, controlando a ansiedade, e decidindo com serenidade.

Trata-se de uma obra preciosa, escrita de forma objetiva, clara, e detalhada.

Confesso que, mesmo já exercendo a magistratura há mais de 20 anos, fiquei muito bem impressionado com a didática e habilidade das autoras na resolução de questões tradicionais na sentença trabalhista, como as matérias preliminares e prejudiciais, assim como as técnicas de enfrentamento das questões de mérito.

As autoras são Juízas Titulares de Varas do Trabalho no tradicional Tribunal Regional do Trabalho da 1ª Região, o que por si só já as credencia para esta empreitada, mas, além disso, contam com grande experiência não só na magistratura, mas na docência do direito e preparação de candidatos para o concurso da magistratura do trabalho.

Pela qualidade do texto e riqueza de informações sobre a sentença trabalhista, posso afiançar que esta obra será de grande valia para todos que se interessam pela sentença trabalhista, principalmente, aos candidatos à magistratura trabalhista.

Não só recomendo a leitura da obra, como parabenizo às autoras e à tradicional editora Freitas Bastos pela publicação. São Paulo, primavera de 2021.

MAURO SCHIAVI
Juiz do Trabalho
Doutor em Direito
Professor e Escritor

SUMÁRIO

CAPÍTULO 4
QUESTÕES IMPORTANTES ADVINDAS COM A REFORMA TRABALHISTA 85

CAPÍTULO 5
EXEMPLOS E MODELOS DOS TÓPICOS MAIS COMUNS .. 101

INTRODUÇÃO E OBJETIVO DO LIVRO

A ideia de se fazer um livro de sentença (e sobre sentença) surgiu da dificuldade que muitos alunos e candidatos possuem nessa fase do Concurso da Magistratura do Trabalho.

Essas dificuldades vão desde como estudar para essa fase do concurso, a noção/necessidade de elaboração de um resumo (ou quadro) da prova, organização quanto ao tempo até mesmo o que envolve a apreciação das questões técnicas propriamente ditas, tais como ordem de julgamento (se rígida ou não), identificação de preliminares e prejudiciais, disposição do mérito, modelos e técnicas de julgamento, distribuição do ônus da prova, análise de depoimentos e outras provas, além da necessidade de ter uma redação clara e concisa.

Desta forma, as situações acima descritas levaram-nos a querer escrever a presente obra, aliando de forma despretensiosa, a nossa experiência prática de anos na Magistratura do Trabalho, o que inclui a preparação de candidatos para o concurso.

Na sua elaboração, procuramos abordar diversos aspectos essenciais para a elaboração de uma sentença que poderá levá-los à tão almejada aprovação.

Inicialmente, abordaremos aspectos referentes à prova de sentença, ressaltando a melhor forma de estudo, com dicas práticas, visando à otimização do tempo, necessidade ou não de resumo da prova, considerações inicias acerca da análise da petição inicial e das defesas por ventura apresentadas pelo réu, trabalho inicial de ônus da prova e aplicação de técnicas de inversão, se for o caso.

Em seguida, dissecaremos as técnicas de elaboração da sentença, trazendo de forma pormenorizada seus requisitos, como modelo e aspectos relevantes do relatório, da fundamentação (sendo que aqui falaremos de questões saneadoras, preliminares e prejudiciais de mérito, bem como sobre o mérito propriamente dito, ordem de julgamento, com modelos que servirão de base ao candidato) e do dispositivo (direto e indireto, com os respectivos modelos).

Por derradeiro, traremos exercícios sobre fixação de jornada de trabalho (pedido recorrente em provas de sentença), e algumas sentenças inéditas por nós elaboradas, com os respectivos espelhos de resposta.

Pretendemos, assim, desmistificar essa fase do concurso da Magistratura, auxiliando os candidatos a identificar e sanar seus erros, e, com isso, possam vir a realizar uma excelente prova rumo à aprovação.

TÍTULO I
COMPREENDENDO A TÉCNICA DA SENTENÇA TRABALHISTA PARA CONCURSO

CAPÍTULO 1

A SENTENÇA TRABALHISTA E A PROVA DE SENTENÇA

A fase de sentença é uma etapa muito importante e crucial no caminho da aprovação do candidato, inclusive por já terem sido ultrapassadas aquelas iniciais, apontando, portanto, que a aprovação final está cada vez mais próxima.

Ao se chegar à etapa da sentença pode-se concluir, sem receio, que o candidato possui um bom preparo, inclusive detendo conhecimento. Todavia, mesmo assim, pode ocorrer de o candidato se atrapalhar em virtude da ansiedade e do nervosismo. Por isso, passaremos a destacar alguns aspectos importantes e que devem ser levados em consideração pelo candidato na hora da elaboração da sentença, como prova para aprovação e ingresso no cargo.

A prova de sentença costuma dar um enorme frio na barriga. Por isso, o treino é fundamental. **Sentença é treino e repetição, não há outra forma de estudo**. Apenas dessa forma será possível o controle do candidato acerca da questão temporal, que será abordada posteriormente, da melhor ordem de julgamento, a redação que implicará sobremodo no seu desempenho de uma forma geral.

Por isso, reforçamos a ideia e acreditamos fortemente que a prova de sentença precisa ser desmistificada, no sentido de que ela precisa ser mais bem elaborada que na vida real. Não se olvide que em ambos os casos o juiz deve se utilizar da técnica de sentença de forma escorreita.

Contudo, a grande diferença é que na prova o caso não é real e o caminho a ser trilhado faz toda a diferença. Na verdade, a prova de sentença costuma trazer de forma cumulativa assuntos que normalmente não são vistos na vida real, ou até o são, mas não da forma cumulativa num único processo.

Por isso, insistimos na importância e relevância de se treinar bastante, para que haja o domínio da técnica de elaboração.

Se o candidato tem preferência por uma corrente doutrinária, nem sempre esse entendimento será o melhor na condução da prova. Então, é importante ter em mente que a solução da sentença corresponde a um exercício fictício que visa sempre testar seu raciocínio jurídico. E, claro, não raro, a solução estará na aplicação do entendimento majoritário perfilado pelo TST, a não ser que o candidato tenha certeza que outro é o caminho defendido pelos membros da banca examinadora.

De qualquer forma, a não ser que a prova "não feche", o caminho mais seguro é seguir o entendimento majoritário, pois não há como a resposta ser dada como errada.

Há, por conseguinte, provas em que o examinador espera uma linha de raciocínio que "fecha a prova". Sendo que nesse o caso, competirá ao candidato "sentir" a prova e utilizá-lo para que seja bem sucedido na respectiva etapa.

Outro pensamento muito importante é observar a regra contida no CPC, nos artigos 371, 489 e também no estudo dos precedentes e do próprio controle de convencionalidade. Afinal, pode ser que seja necessário reconhecer a inconvencionalidade de uma norma ou até mesmo observar os incisos V (se limitar a invocar precedente ou enunciado de súmula, sem identificar seus fundamentos determinantes nem demonstrar que o caso sob julgamento se ajusta àqueles fundamentos) e VI (deixar de seguir enunciado de súmula, jurisprudência ou precedente invocado pela parte, sem demonstrar a existência de distinção no caso em julgamento ou a superação do entendimento), cuja aplicação é subsidiária ao processo do trabalho.

Nessas primeiras linhas já achamos importante passar regras simples, mas que, se apreciadas, ajudam muito na preparação para a prova.

Primeiro o candidato deve sempre ter em mente a importância da ortografia (tempo e concordância verbais), bem como a forma da escrita. Atualmente estamos muito acostumados à digitação e isso acaba dificultando na hora da redação da sentença. Assim, é sempre melhor que os exercícios tenham a redação manuscrita, letra boa e em tamanho suficiente a não cansar o examinador.

Ou seja, evite fazer os exercícios no computador, pois não traduz a realidade da confecção da prova, engana na questão do tempo e também da redação.

Evite, também, textos e parágrafos muito longos, sejam objetivos e conclusivos no raciocínio, e analise todas as provas produzidas e descritas na prova. Não há como se supor, imaginar ou "inventar" provas que não constam do caderno de prova. A prova de sentença é objetiva, e no caderno haverá todos os dados que vocês necessitam para elaborar a prova.

O examinador na prova de sentença busca avaliar a capacidade técnica e a condução do raciocínio lógico-jurídico.

Torna-se, por isso, muito importante o encadeamento do raciocínio. Estabeleça uma forma organizada para o enfrentamento da prova. Esquemas iniciais são válidos, mas é necessário o domínio sobre eles, o que só o treino insistente permite. O pensar na elaboração da sentença no dia da prova envolve a dedicação de um tempo razoável para a compreensão do caso proposto e organização da sua apresentação até o sua execução, através da escrita.

Logo, a compreensão da parte técnica é muito importante. Lembre-se que não há possibilidade de decisão condicionada. Desta forma, a decisão sobre algum pedido não pode ser condicionada a outro fato, devendo ser determinada e específica.

Outro aspecto a ser considerado é o candidato ser coerente ao usar expressões como "Acolher ou Rejeitar, Julgar Procedente ou Improcedente, Deferir ou Indeferir". Tudo isso será abordado no decorrer do livro.

O mais difícil certamente é iniciar a prova e nesse momento já saber a ordem de julgamento que se necessita para um encadeamento lógico, conforme possíveis preliminares e prejudiciais, os pedidos formulados e contraposições na contestação, além da ordem de análise do mérito, essencial para o encadeamento lógico do exercício.

Aqui já começamos com uma dica. Uma vez decidida a ordem de julgamento e o resultado de cada pedido – após a análise das provas existentes – inicia-se o momento de começar a redação. Como normalmente, o tempo de prova é curto (se levarmos em conta todas as dificuldades), pode ocorrer de algum aspecto importante ser esquecido pelo candidato e que será lembrado apenas próximo ao final da prova. Como solucionar essa situação? **Nesse caso, sugere-se que o candidato sempre deixe algumas linhas em branco abaixo de cada tópico já resolvido (cerca de 4 ou 5) para que possa encaixar algum ponto relevante que não tenha sido registrado. Assim, o candidato não corre risco de ter uma sentença omissa, afetando sua pontuação e que pode impactá-lo negativamente, levando-o até mesmo à reprovação.**

Acreditamos que a dica mais apropriada e certeira que podemos passar é que o candidato **deve encontrar seu método de treino e de elaboração do exercício, que será usado por você no dia da prova. Acostume-se com ele através de muito, muito treino.**

A aprovação na prova de sentença requer técnica, **mas principalmente prática** e muito exercício.

Feitas essas considerações iniciais, passaremos a abordar todos os aspectos teóricos que envolvem a elaboração de uma sentença, no tópico a seguir.

1.1 QUESTÃO DO TEMPO

O treino para a prática do exercício de sentença envolve **a) o domínio do tempo de duração da prova e b) como você irá dividi-lo** para que seja possível ler toda a prova, estabelecer os pontos nodais e as questões que devem ser enfrentadas, bem como o seu encadeamento lógico, a análise da prova produzida, observando-se o ônus e eventual inversão, e o momento em que o candidato está pronto para desenvolver o raciocínio.

O candidato deve procurar se informar sobre o tempo de duração da prova que pode ser de quatro a cinco horas, a depender do certame. No último concurso para a Magistratura do Trabalho, o unificado de 2017, por exemplo, a duração da prova foi estipulada em 5 horas. Portanto, ter essa ciência é de suma importância, já que são muitas informações a serem consideradas, por conta da grande gama de pedidos, documentos, preliminares, prejudiciais e provas produzidas contidas na prova. Com isso, pode ocorrer de o candidato sentir-se intimidado desde o começo, aumentando a sua tensão por pensar que não conseguirá terminá-la.

Por isso, é bom ressaltar que no início do estudo da prova de sentença, normalmente os candidatos iniciantes levem muito mais tempo para elaborá-la até dias. Logo, quando for iniciado o estudo da sentença, num primeiro momento aconselha-se que o tempo seja ignorado, dando atenção para a elaboração da prova. É preciso que o candidato se acostume com as terminologias e apressar a realização de algo que não foi treinado ou feito anteriormente, pode trazer grande frustração. Não coloque um peso desnecessário nos ombros.

Iniciou recentemente o treino da sentença, preste atenção nos detalhes e possíveis "pegadinhas" da prova, e não se atenha tanto ao tempo. Aos poucos, em virtude do treino e da constância esse tempo vai sendo reduzido de forma natural.

Embora não seja receita de bolo, uma vez que depende da performance de cada candidato, aconselhamos que após a realização de cinco a dez exercícios de sentença, que o tempo passe a ser cronometrado o candidato comece a simular também o ambiente de prova. Para isso, também se desaconselha a fazer o exercício por uma hora num dia e retomá-lo no dia seguinte. Preocupe-se em separar aquele dia para estudar para a fase de sentença e faça o exercício de maneira constante, incluindo o tempo que você levantou para beber água, por exemplo. Apenas dessa forma o candidato conseguirá observar sua evolução no quesito tempo de prova.

1.2 FAZER QUADRO OU RESUMO DA PROVA? É PRECISO OLHAR DETALHADAMENTE TODOS OS DOCUMENTOS ANEXADOS?

Outra situação que demanda também uma insegurança e tensão é o que fazer quando a prova chegar às suas mãos? Assim que recebê-la e será necessário analisar todos os dados na petição inicial, bem como os da resposta do réu, documentos anexados por todas as partes, atas de audiência e provas produzidas, e isso pode significar olhar até 100 folhas. Ressalta-se isso uma vez que já houve prova de sentença, em forma de processo com quase 100 folhas.

Agora, imagine olhar atentamente as 100 folhas e depois ter que voltar a cada uma delas sempre que precisar de uma informação importante para julgar um pedido ou decidir uma preliminar? Se o candidato assim o fizer, será muito difícil, senão impossível, terminar a prova dentro das 4 ou 5 horas. Por esse motivo, é muito importante que sejam feitas anotações acerca dos pontos mais importantes e relevantes para confecção da sentença, o que pode ser feito em um resumo ou em um quadro, o que é mais uma de nossas sugestões.

Tendo o quadro em mãos, o candidato otimizará o tempo, pois ao fazer a prova se socorrerá das informações nele constantes, tendo que ir ao caderno de prova menos vezes ou apenas para consultar questões pontuais.

Coloco abaixo uma sugestão de quadro de sentença, e o que deveria constar em cada parte dele.

DADOS CONTRATUAIS	Admissão Dispensa Salário Forma de extinção do CONTRATO DE TRABALHO Horário de trabalho
CAUSA DE PEDIR	Fundamentos Mais relevantes de cada pedido
PEDIDOS	Fazer a correlação com os respectivos pedidos
QUESTÕES DE ORDEM / PRELIMINARES	Já colocar na ordem em que serão julgadas Questões de ordem Pressupostos processuais Condições da ação
PREJUDICIAIS	Quitação Prescrição
DEFESA	Colocar na mesma linha do pedido correspondente
PROVAS	Analisar: depoimentos pessoais, prova testemunhal, documental e pericial
RESULTADO	Como será julgado cada pedido – resulto final

O quadro acima é uma sugestão e adaptável, conforme cada prova, mas aqui damos uma ideia do que vocês podem utilizar como modelo.

1.3 ESTUDO PARA A PROVA DE SENTENÇA

O estudo da prova de sentença, tal como para as demais fases do concurso, é algo global, pois demanda conhecimento sobre várias questões, além da necessidade de treino e exercício constantes.

Tem grande importância o aprofundado estudo e conhecimento do Direito Material do Trabalho, pois a parte meritória da sentença, que costuma ser a mais trabalhosa, tem total ligação com essa parte do Direito do Trabalho, vez que serão tratados temas, por exemplo, como prescrição (e todas as suas hipóteses), jornada de trabalho, alteração contratual, modalidades de dispensa, garantias de emprego, dentre outros.

Ressalta-se que, com isso, não se quer dizer que não seja importante o domínio do Direito Processual, já que sem ele não há como se analisar e julgar os protestos e contraditas possivelmente suscitadas, preliminares (pressupostos processuais e condições da ação), revelia e outros aspectos. No entanto, e sem receio de parecer-se repetitivo, não há como se fazer uma prova de sentença sem conhecimento do Direito Material. Ademais, é comum nas provas de sentença pedidos ou decisões relacionados a entendimentos recentes do Tribunal Superior do Trabalho. Desta forma, não se desligue dos informativos, e acompanhe tanto decisões das Turmas quanto as da SDI do TST.

1.4 IMPORTÂNCIA DO ESTUDO DA PETIÇÃO INICIAL E DAS MODALIDADES DE DEFESA DO RÉU

É de grande relevância que o candidato tenha noções precisas acerca da petição inicial e das modalidades da resposta do réu.

A petição inicial é o arcabouço fático-jurídico do que pretende o autor e as modalidades de resposta do réu compreendem a apreciação de preliminares, exceções de direito material e processual, pedido contraposto (defesa heterotópica) e também a análise na ordem de julgamento, caso haja uma reconvenção.

Portanto, neste tópico vamos relembrar os conceitos básicos sobre o sobre o tema proposto, observando-se a perspectiva da prova de sentença.

Segundo Cândido Dinamarco: "é *a peça escrita em que o demandante formula a demanda a ser objeto de apreciação do juiz e requer a realização do processo até final provimento que lhe conceda a tutela jurisdicional*".

A petição inicial é o instrumento da demanda, sendo primordialmente seu conteúdo. É a sua representação física, sua veiculação e materialização.

Costuma-se dizer que a inicial é o projeto da sentença e isso faz todo sentido. Afinal é a partir da postulação que se forma o espectro da defesa, das provas e do julgamento.

A primeira observação importante é que o processo nasce com a propositura da ação. Segundo o art. 312 do CPC, na data do protocolo da petição inicial, fazendo surgir a litispendência, além de tornar o objeto litigioso.

Consoante os artigos 783 e seguintes da CLT, o processo do trabalho também se inicia com a distribuição e o artigo 841 prevê que "*recebida e protocolada a reclamação, o escrivão ou secretário, dentro de 48 (quarenta e oito) horas, remeterá a segunda via da petição, ou do termo, ao reclamado, notificando-o ao mesmo tempo, para comparecer à audiência do julgamento, que será a primeira desimpedida, depois de 5 (cinco) dias*".

Vale destacar também os artigos 837 e 838 da CLT que também tratam da propositura da ação nas localidades em que houver apenas uma Vara ou um escrivão do cível, a reclamação será apresentada diretamente à secretaria da Junta, ou ao cartório do Juízo e se houver mais de uma Vara ou mais de 1 (um) Juízo, ou escrivão do cível, a reclamação será, preliminarmente, sujeita a distribuição.

Com o advento do processo judicial eletrônico, a distribuição é feita através do sistema PJE e normalmente a Vara expedirá a notificação para designação da audiência inicial, ainda que a parte ajuíze a ação utilizando-se o *jus postulandi*.

Tanto na vida prática, como na prova de sentença, a importância da propositura da ação relaciona-se com a questão da interrupção da prescrição, da contagem da prescrição quinquenal, a prevenção do juízo e a perpetuação da competência, a estabilização da demanda, a litispendência, a litigiosidade da coisa, constitui o devedor em mora, ressalvando-se a regra dos artigos 397 e 398 do CPC e também produz efeitos não só para as partes como para terceiros. Em relação a terceiros, os efeitos consistem na *"responsabilidade patrimonial e na admissibilidade de intervenção no processo"*.

Para facilitar a compreensão não esqueça!

Efeitos da petição inicial:

a) instaura-se a relação jurídica processual;

b) individualiza os sujeitos da lide, além de romper a inércia do judiciário, que deve dar uma resposta à pretensão trazida;

c) baliza a sentença que não pode se divorciar dos limites do pedido, servindo de base para a apresentação da defesa do réu e a própria delimitação da produção das provas;

d) fixa a competência (art. 43 do CPC);

e) gera a prevenção do juízo (arts. 59 e 286 do CPC);

f) no Processo do Trabalho interrompe a prescrição (Súmula 268 do TST), observando-se que há diferença em relação ao art. 202, I do CCB.

Em relação à resposta do réu ela pode-se dar através de três modalidades, exceção, contestação e reconvenção.

Os efeitos da propositura da ação e alegações de modalidades de defesa do réu serão mais detidamente aprofundados no estudo das preliminares.

Cabe aqui fazer um parêntesis acerca da desistência da ação.

O autor pode pedir a desistência do pedido antes do recebimento da defesa, sem o consentimento do réu.

Na prova, a questão pode ser apresentada para que o candidato promova a homologação da desistência parcial ou o examinador já homologou a desistência, e o candidato apenas terá que mencionar tal questão na prova, no relatório.

Caso seja a primeira hipótese, o candidato deverá abrir o tópico de desistência na fundamentação (em regra, antes das preliminares), sugerindo-se a seguinte redação para esta hipótese:

DA DESISTÊNCIA

Em razão do requerimento de desistência quanto ao pedido de adicional de insalubridade (para o qual não é necessária a concordância da Reclamada, já que requerida antes da apresentação da defesa), homologo a presente desistência, com a consequente extinção do processo sem resolução do mérito, neste particular, nos termos do art. 485, VIII, CPC, de aplicação subsidiária autorizada pelo art. 769, CLT.

Depois, ao final da prova, o candidato deverá mencionar essa decisão no dispositivo da sentença.

Caso seja a segunda hipótese acima aventada, ou seja, que o examinador já tenha homologado a desistência, não cabe sua decisão na fundamentação, pois ela já existe. Caberá ao candidato fazer menção no relatório e depois registrá-la no dispositivo.

Caso o autor requeira a desistência após, será necessária a concordância do réu. Se houver a contrariedade e isso deve ficar claro na prova, o candidato deverá apreciar o pedido.

Caso o autor **renuncie** ao pedido, o que pode ser requerido em qualquer fase do processo, a candidato **deverá homologar a renúncia (art. 487, III, c do CPC), assim como eventual transação parcial, em virtude acordo** (art. 487, III, b do CPC), observando-se tratar-se de hipótese de extinção com resolução de mérito.

Contudo, o candidato deve atentar que em casos de desistência **e de renúncia poderá** haver a condenação de honorários advocatícios apesar de no primeiro caso não haver a necessidade de apreciação do mérito. Tudo vai depender da corrente adotada pelo candidato, uma vez que há ausência de previsão no art. 791-A da CLT para fixação de honorários sucumbenciais nessas hipóteses.

O recente julgamento do STF deve ser levado em consideração, sendo exposto mais adiante no tópico 4.3.

O art. 90 do CPC dispõe o seguinte:

"Proferida sentença com fundamento em desistência, em renúncia ou em reconhecimento do pedido, as despesas e os honorários serão pagos pela parte que desistiu, renunciou ou reconheceu.

§ 1º Sendo parcial a desistência, a renúncia ou o reconhecimento, a responsabilidade pelas despesas e pelos honorários será proporcional à parcela reconhecida, à qual se renunciou ou da qual se desistiu.

§ 2º Havendo transação e nada tendo as partes disposto quanto às despesas, estas serão divididas igualmente (...)".

Pelo CPC seriam devidos honorários sucumbenciais nas hipóteses de desistência e de renúncia.

Em casos de transação seria aplicável o § 2º do art. 90 do CPC, por ausência de previsão na CLT.

Nos casos de renúncia a doutrina é majoritária no sentido de serem devidos, justamente pela aplicação subsidiária e com lastro no próprio *caput* do art. 791-A da CLT, já que haverá extinção do processo pela via do art. 487 do CPC, com resolução meritória.

Em relação à desistência há duas correntes.

A primeira corrente é defendida por Cleber Lúcio de Almeida que assevera serem incabíveis os honorários nessas hipóteses uma vez que não há previsão expressa na CLT. Segundo o autor,

> *"ao estabelecer que o percentual de honorários incida sobe o valor que resultar da liquidação da sentença ou proveito econômico obtido, o art. 791-A da CLT deixa claro que somente haverá imposição da obrigação de pagar honorários no caso de sucumbência apurada no julgamento da demanda, valendo anotar que somente se recorrerá ao valor da causa, segundo tal dispositivo legal, quando não for possível apurar o proveito econômico da parte decorrente do julgamento proferido.*

Assim, no caso de desistência não são devidos honorários advocatícios, não havendo que recorrer ao art. 90 do CPC como fonte subsidiária ou supletiva do Direito Processual do Trabalho, vez que este, de forma expressa, vincula o reconhecimento da obrigação de pagar honorários à sucumbência resultante do julgamento da demanda".

Já Élisson Miessa ensina que

> *"parte da doutrina tem anunciado que o legislador trabalhista não previu na CLT, de forma proposital (silêncio eloquente), a condenação dos honorários advocatícios nas hipóteses de extinção do processo sem resolução do mérito, de modo que não deverá ser aplicado o CPC nessa particularidade.*

Para outros, com os quais pensamos estar a razão, a CLT de fato foi omissa sobre o tema, mas não existe diferença substancial entre os ramos processuais para afastar os honorários advocatícios nos processos extintos sem resolução de mérito, especialmente na desistência.

Do mesmo modo, houve omissão quanto à renúncia e o reconhecimento jurídico do pedido, devendo incidir as regras do processo civil, ante a compatibilidade com a seara laboral.

Com efeito, nesses casos, os honorários serão pagos pela parte que desistiu, renunciou ou reconheceu. Aliás, sendo parcial a desistência, a renúncia ou o reconhecimento, a responsabilidade pelos honorários será proporcional à parcela reconhecida, à qual se renunciou ou da qual se desistiu (§ 1º)".

O autor entende, todavia, que nas hipóteses de desistência, os honorários sucumbenciais somente seriam devidos após a apresentação da defesa, "*uma vez que antes da sua presença não há como, objetivamente, demonstrar atuação efetiva do advogado da parte contrária no processo*". Nesse caso, os honorários seriam devidos proporcionalmente aos pedidos desistidos, ou seja, ao valor dado a cada pedido em que a parte requereu a desistência.

Mais adiante serão analisadas outras hipóteses com a sugestão de redação dos honorários advocatícios, inclusive para os casos analisados neste tópico.

Feitas essas considerações iniciais, passa-se à análise dos efeitos da propositura da ação pela prevenção. Na prática, caso haja alguma preliminar envolvendo essa questão, normalmente a conduta do candidato será pela rejeição da preliminar, pois se houver o acolhimento, será hipótese de remeter o processo à outra vara, o que por certo não será a intenção do examinador, nem fará qualquer sentido para a prova.

Assim, a prevenção, por ser medida saneadora processual, inclusive para decidir se é o juízo natural para a causa e análise de todas as demais questões (processuais e de mérito), devendo ser prontamente julgada, pois prejudicial a todas as demais. Desta forma, em regra, demanda julgamento logo na abertura da prova, antes das preliminares (pois, como visto, é medida saneadora).

Segundo o artigo 286 do CPC de aplicação subsidiária ao Processo do Trabalho, *"serão distribuídas por dependência as causas de qualquer natureza: I - quando se relacionarem, por conexão ou continência, com outra já ajuizada; II - quando, tendo sido extinto o processo sem resolução de mérito, for reiterado o pedido, ainda que em litisconsórcio com outros autores ou que sejam parcialmente alterados os réus da demanda; III - quando houver ajuizamento de ações nos termos do art. 55, § 3º, ao juízo prevento. Parágrafo único. Havendo intervenção de terceiro, reconvenção ou outra hipótese de ampliação objetiva do processo, o juiz, de ofício, mandará proceder à respectiva anotação pelo distribuidor".*

A prevenção então é a definição antecedente do juízo que será o competente para analisar e julgar a demanda.

Pode ser apresentada, por exemplo, uma questão envolvendo uma ação coletiva, que poderá ser acolhida ou não. E, nesse caso, há que se observar que, em regra, não existe litispendência entre a ação individual e a ação coletiva, seja porque entre ambas não existe a tríplice identidade, mormente quanto ao requisito identidade de partes, seja porque assim dispõe a **Lei 8.078/90, Art. 103, § 1 º e § 2º, e 104, *in verbis:***

"art. 103. Nas ações coletivas de que trata este código, a sentença fará coisa julgada:

I - *Erga omnes*, exceto se o pedido for julgado improcedente por insuficiência de provas, hipótese em que qualquer legitimado poderá intentar outra ação, com idêntico fundamento valendo-se de nova prova, na hipótese do inciso I do parágrafo único do *art. 81;*

II - Ultra partes, mas limitadamente ao grupo, categoria ou classe, salvo improcedência por insuficiência de provas, nos termos do inciso anterior, quando se tratar da hipótese prevista no inciso II do parágrafo único do *art. 81;*

III - *Erga omnes*, apenas no caso de procedência do pedido, para beneficiar todas as vítimas e seus sucessores, na hipótese do inciso III do parágrafo único do *art. 81.*

§ 1° Os efeitos da coisa julgada previstos nos incisos I e II não prejudicarão interesses e direitos individuais dos integrantes da coletividade, do grupo, categoria ou classe.

§ 2° Na hipótese prevista no inciso III, em caso de improcedência do pedido, os interessados que não tiverem intervindo no processo como litisconsortes poderão propor ação de indenização a título individual.

Art. 104. As ações coletivas, previstas nos incisos I e II e do parágrafo único do art. 81, não induzem litispendência para as ações individuais, mas os efeitos da coisa julgada erga omnes ou ultra partes a que aludem os incisos II e III do artigo anterior não beneficiarão os autores das ações individuais, se não for requerida sua suspensão no prazo de trinta dias, a contar da ciência nos autos do ajuizamento da ação coletiva.”

Quanto à arguição de coisa julgada entre a ação individual e a ação coletiva, remete-se novamente à leitura do art. 104, já destacado acima, e segundo o qual, os efeitos da coisa julgada não beneficiarão os autores das ações individuais, se não for por esses requerida sua suspensão no prazo de 30 dias a contar da ciência do ajuizamento da ação coletiva. Assim, esse prazo é de essencial observância pelo candidato para que possa afastar ou acolher coisa julgada possivelmente suscitada.

Todavia, pode ocorrer de o candidato apreciar a questão preliminar de litispendência e/ou coisa julgada e acolher em relação a um dos pedidos. Nessa hipótese, o examinador quer justamente verificar se o candidato domina os efeitos da petição inicial e a tríade da tríplice identidade para acolher os referidos casos.

Claro, portanto, que é possível acolher preliminares de litispendência e/ou de coisa julgada, desde que isso importe na extinção de um ou alguns pedidos, mas daqueles pedidos que possivelmente sejam identificados como as "peças-chave" da prova, muito menos da ação como um todo.

Então, observe bem tal questão, além, claro, dos requisitos legais da tríplice identidade.

> Sugestão de redação
>
> DA LITISPENDÊNCIA EM VIRTUDE DE AJUIZAMENTO DE AÇÃO COLETIVA
>
> Filio-me ao entendimento pacificado do Tribunal Superior do Trabalho, no sentido de que a interpretação dada ao artigo 104 da Lei nº 8.078/90 (Código de Defesa do Consumidor) é no sentido de que o ajuizamento de ação coletiva pelo sindicato da categoria profissional não induz litispendência. Mesmo havendo a identidade de pedido e de causa de pedir não há como se considerar como configurada a identidade subjetiva, por se tratar do referido ajuizamento pelo ente sindical de verdadeira hipótese de legitimidade concorrente. Ao ajuizar a ação coletiva o sindicato atua promovendo não só a igualdade de tratamento, mas também preserva o empregado, titular do direito, de sofrer eventual represália patronal.
>
> Rejeito a preliminar.

Sugestão de redação

COISA JULGADA EM VIRTUDE DE AÇÃO COLETIVA ANTERIORMENTE AJUIZADA

O reclamado suscitou a preliminar de coisa julgada, alegando haver ação coletiva ajuizada, cuja sentença já transitou em julgado e proposta pelo Sindicato e a consequente extinção do feito sem resolução de mérito, no que diz respeito ao pedido de pagamento do aviso prévio.

Filio-me ao entendimento pacificado do Tribunal Superior do Trabalho, no sentido de que a interpretação dada ao artigo 104 da Lei nº 8.078/90 (Código de Defesa do Consumidor) é no sentido de que o ajuizamento de ação coletiva pelo sindicato da categoria profissional não induz à coisa julgada, já que não se configura a identidade entre as partes e, portanto, não se configurando a hipótese prevista no art. 337, § 4º do CPC.

Ainda que a haja a existência de ação ajuizada pelo sindicato, tal fato não impede que o próprio titular do direito também apresente demanda, sob pena de violação ao art. 5º, XXXV, da CRFB/1988.

Rechaço a preliminar.

Em relação à defesa do réu a sua importância na prova de sentença também é crucial.

O réu poderá aduzir defesas processuais e de mérito. As primeiras são direcionadas ao processo e sua validade ou constituição, normalmente são arguidas através de preliminares, consoante art. 337 do CPC ou exceções processuais (exceção de incompetência relativa, suspeição, impedimento, por exemplo). Já a segunda refere-se ao mérito e pode ser direta ou indireta.

Com a nova sistemática adotada pela CLT, se o réu aduzir a exceção de incompetência relativa tal situação provavelmente já deverá estar resolvida na prova, ocasião em que fará constar do relatório. Isso porque, conforme o artigo 800 da CLT, a exceção de incompetência territorial deverá ser apresentada no prazo de cinco dias a contar da notificação, antes da audiência e em peça que sinalize a sua existência.

Caso haja necessidade de apreciação na prova, a exceção poderá ser rejeitada pelo fundamento da preclusão temporal, uma vez que ao réu cabe a alegação no prazo de cinco dias antes da ocorrência da audiência. Também poderá ser rejeitada por ter a CLT criado um rito diferenciado do CPC. Como tal, a parte não poderá mais alegá-la em preliminar. Se assim o fizer, também será motivo para rejeição sob o mesmo fundamento, ou seja, por ocorrência da preclusão consumativa.

Já as defesas processuais serão apresentadas pelo réu através das preliminares, na contestação e serão abordadas com mais profundidade em tópico próximo.

As defesas de mérito direta e indireta também serão ventiladas na contestação. A defesa de mérito direta se dá quando o réu nega os fatos narrados pelo autor, e a indireta quando o réu admite o fato, mas lhe dá outra consequência jurídica.

Também pode ser apresentado pedido contraposto como a compensação

Por derradeiro, temos que a reconvenção apesar de ser modalidade de resposta do réu, não constitui propriamente defesa, mas ação do réu em face do autor dentro do mesmo processo em que é demandado. Assim, ação e reconvenção devem ser julgadas na mesma sentença.

Em regra, julgamos primeiro os termos da reclamação trabalhista e depois os da reconvenção, mas ambas com um único corpo de sentença.

CPC, Art. 343. *Na contestação, é lícito ao réu propor reconvenção para manifestar pretensão própria, conexa com a ação principal ou com o fundamento da defesa.*

§ 1º Proposta a reconvenção, o autor será intimado, na pessoa de seu advogado, para apresentar resposta no prazo de 15 (quinze) dias.

§ 2º A desistência da ação ou a ocorrência de causa extintiva que impeça o exame de seu mérito não obsta ao prosseguimento do processo quanto à reconvenção.

§ 3º A reconvenção pode ser proposta contra o autor e terceiro.

§ 4º A reconvenção pode ser proposta pelo réu em litisconsórcio com terceiro.

§ 5º Se o autor for substituto processual, o reconvinte deverá afirmar ser titular de direito em face do substituído, e a reconvenção deverá ser proposta em face do autor, também na qualidade de substituto processual.

§ 6º O réu pode propor reconvenção independentemente de oferecer contestação.

1.5 TRABALHANDO O ÔNUS DA PROVA

Uma das principais preocupações do candidato deve ser com a análise dos fatos e o ônus da prova.

Não raro, a compreensão dos fatos e de como o candidato faz a compreensão do ônus da prova faz a diferença para a aprovação.

Mais uma vez o além do treino, o conhecimento teórico da matéria é essencial.

É o que faremos agora.

O autor traz normalmente alegações fáticas na sua petição inicial e o réu na sua contestação.

Se o fato é admitido por uma e confirmado por outra se torna incontroverso, não haverá necessidade de prova. Muitas das vezes, na prova de sentença, essa situação pode estar descrita ou será necessária a conclusão do candidato.

> **Exemplo:** O autor alega que fazia horas extras. Consta da prova que a ré trouxe os cartões de ponto que foram admitidos como válidos pelo autor. Não há controvérsia fática a merecer, nesse caso, outras provas.
>
> Essa argúcia também é relevante, uma vez que além de imprimir mais agilidade no próprio raciocínio do candidato, o examinador vai perceber o seu conhecimento técnico-processual.

Na prova de sentença do Concurso Unificado da Magistratura do Trabalho (de 2017) havia duas questões interessantes quanto ao ônus da prova, uma envolvendo o pedido de horas extras (aqui mais especificamente quanto ao período de abril de 2013 a março de 2015, em que a Primeira Reclamada alega exercício de cargo de confiança), e outra relacionada ao pedido de diferenças salariais advindas da equiparação, desvio/acúmulo.

Quanto à primeira questão, observe que a reclamada alegou fato impeditivo do direito autoral, competindo-lhe o ônus da prova, razão pela qual deveria ser analisado pelo candidato, se a reclamada efetivamente comprovou se a parte autora estava enquadrada nos termos do art. 62 e parágrafo único da CLT.

Já quanto à questão das diferenças salariais, a defesa traz negativa quanto ao fato constitutivo do direito autoral, pois a reclamada afirma que jamais houve identidade funcional entre reclamante e paradigma, e que as atividades sempre foram compatíveis com a função para a qual fora contratado. Assim, não traz qualquer fato novo, mas apenas nega o fundamento do pedido, sendo da parte autora o ônus de comprovar suas alegações.

Trazemos acima apenas dois exemplos de como é essencial para o candidato realizar a prova de sentença, ter noção e saber a perfeita divisão do ônus da prova, bem como a questão da contraprova. Qualquer raciocínio diferente certamente acarretará julgamento de forma equivocada.

Se há necessidade das partes produzirem prova é porque havia um ou vários fatos a serem provados.

Ao alegarem o fato *probando* acabam tendo o ônus da prova, ou seja, o encargo, o interesse em demonstrar a suas alegações para que não fiquem em desvantagem.

Para tanto, há a distribuição do ônus da prova, cuja regra geral é a estática e prevista no art. 818 da CLT. Ao autor, cabe o ônus de provar o fato constitutivo do seu direito, ou seja, que é o seu gerador. Ao réu cabe o ônus de provar o fato obstativo do direito do autor (fatos modificativos, extintivos e impeditivos). Todavia, o CPC e a CLT criaram uma exceção a essa regra, quando para uma das partes for muito dificultosa a produção da prova ou para a outra ser mais fácil ou ser impossível. Nessa situação haverá a redistribuição ou o redimensionamento do ônus da prova, ou seja, a sua inversão.

Após a reforma trabalhista, o texto do artigo 818 da CLT passou a ser praticamente o mesmo do CPC no que tange a regra estática do ônus da prova.

Vamos aqui abordar justamente a previsão contida no § 1º do referido artigo que trata da possibilidade de inversão do ônus da prova, através do uso da teoria da carga dinâmica do ônus da prova.

A parte que detiver as melhores condições técnicas ou materiais para produzir a prova, independentemente da sua posição no processo, passa a ter o encargo. Isso visa a garantia do equilíbrio da relação jurídica processual.

A grande questão da inversão do ônus da prova com a utilização da teoria envolve a) casos previstos em lei ou por determinação *ope judicis*; b) impossibilidade da produção da prova pela parte que detém o ônus, ou; c) excessiva dificuldade probatória da parte que detém o ônus, ou: d) maior facilidade de produção da prova pela parte que não detém o ônus.

A redistribuição não pode acarretar o mesmo quadro de impossibilidade/extrema dificuldade, pois aí teremos a prova diabólica. A prova de fato negativo é considerada como diabólica e ocorre muito em casos de citação. Trata-se, na verdade, de regra de instrução em que se é utilizada a aptidão da parte para produzir a prova, ou seja, o ônus competirá àquele que detém melhores condições materiais ou técnicas para fazê-lo. Por tal motivo, o juiz não poderá fazer a inversão na própria sentença, pois além de vir a ser caracterizada como decisão surpresa, haveria uma violação ao princípio do contraditório.

É importante enfatizar que se houver a inversão do ônus da prova na audiência, pode haver o seu adiamento, uma vez que a parte pode não estar preparada no momento para produzir a prova. Todavia, se a própria parte requereu a inversão e lhe foi deferida, não poderá se beneficiar requerendo o adiamento. Somente a parte prejudicada pode assim requerer. Também pode ocorrer de já ter produzido as provas necessárias e a inversão não lhe produziu qualquer dificuldade na produção da prova. Nesse caso, não haverá necessidade/utilidade do adiamento.

Na prova de sentença dificilmente será necessário (e arriscaríamos em dizer que seria até mesmo temerário) que o candidato tenha que promover a inversão do ônus da prova advinda da teoria da carga dinâmica do ônus da prova, justamente porque já haverá ocorrido a sua produção. Ademais, há necessidade de decisão fundamentada.

Assim, apostaríamos em duas situações: ou a inversão decorrente da carga dinâmica do ônus da prova já foi aplicada no caderno de prova (e na sentença vocês terão apenas que ratificar a decisão e/ou decidir eventuais protestos por sua utilização) ou haverá tal requerimento e o examinador jogará a decisão para a prova (nesse caso, a situação demandará análise do que ocorreu em audiência e se presentes os requisitos do art. 818, § 1º a § 3º, CLT, abaixo transcritos).

"CLT, Art. 818, § 1º Nos casos previstos em lei ou diante de peculiaridades da causa relacionadas à impossibilidade ou à excessiva dificuldade de cumprir o encargo nos termos deste artigo ou à maior facilidade de obtenção da prova do fato contrário, poderá o juízo atribuir o ônus da prova de modo diverso, desde que o faça por decisão fundamentada, caso em que deverá dar à parte a oportunidade de se desincumbir do ônus que lhe foi atribuído.

§ 2º *A decisão referida no § 1º* deste artigo deverá ser proferida antes da abertura da instrução e, a requerimento da parte, implicará o adiamento da audiência e possibilitará provar os fatos por qualquer *meio em direito admitido.*

§ 3º A decisão referida no § 1º deste artigo não pode gerar situação em que a desincumbência do encargo pela parte seja impossível ou excessivamente difícil."

Desta forma, entendemos não ser possível que, de ofício, o candidato utilize a teoria da carga dinâmica na prova, pois seria hipótese de decisão surpresa, passível de nulidade, o que dificilmente levaria o candidato para o caminho da aprovação.

Cabe ressaltar, no entanto, que há algumas súmulas que já trazem regras de inversão e isso pode ser citado pelo candidato, assim como a hipótese de inversão decorrente da lei.

Por conseguinte, a construção jurisprudencial já proporcionou a edição de diversas súmulas que implicam na inversão do ônus de forma dinâmica (inclusive através de presunções), como as de número 43, 212, 338, 443, entre outras, tendo-se em mente que o objetivo é a produção da prova mais equânime e justa.

SÚMULA Nº 43 DO TST:

TRANSFERÊNCIA (mantida) – **Res. 121/2003, DJ 19, 20 e 21.11.2003**

Presume-se abusiva a transferência de que trata o § 1º do art. 469 da CLT, sem comprovação da necessidade do serviço.

SÚMULA Nº 212 DO TST

DESPEDIMENTO. ÔNUS DA PROVA (mantida) – Res. 121/2003, DJ 19, 20 e 21.11.2003

O ônus de provar o término do contrato de trabalho, quando negados a prestação de serviço e o despedimento, é do empregador, pois o princípio da continuidade da relação de emprego constitui presunção favorável ao empregado.

SÚMULA Nº 338 DO TST

JORNADA DE TRABALHO. REGISTRO. ÔNUS DA PROVA (incorporadas as Orientações Jurisprudenciais nºs 234 e 306 da SBDI-1) – Res. 129/2005, DJ 20, 22 e 25.04.2005

I - *É ônus do empregador que conta com mais de 10 (dez) empregados o registro da jornada de trabalho na forma do art. 74, § 2º, da CLT. A não-apresentação injustificada dos controles de frequência gera presunção relativa de veracidade da jornada de trabalho, a qual pode ser elidida por prova em contrário. (ex-Súmula nº 338 – alterada pela Res. 121/2003, DJ 21.11.2003)*

II - *A presunção de veracidade da jornada de trabalho, ainda que prevista em instrumento normativo, pode ser elidida por prova em contrário. (ex-OJ nº 234 da SBDI-1 – inserida em 20.06.2001)*

III - *Os cartões de ponto que demonstram horários de entrada e saída uniformes são inválidos como meio de prova, invertendo-se o ônus da prova, relativo às horas extras, que passa a ser do empregador, prevalecendo a jornada da inicial se dele não se desincumbir. (ex-OJ nº 306 da SBDI-1- DJ 11.08.2003)*

SÚMULA Nº 443 DO TST

DISPENSA DISCRIMINATÓRIA. PRESUNÇÃO. EMPREGADO PORTADOR DE DOENÇA GRAVE. ESTIGMA OU PRECONCEITO. DIREITO À REINTEGRAÇÃO – Res. 185/2012, DEJT divulgado em 25, 26 e 27.09.2012

Presume-se discriminatória a despedida de empregado portador do vírus HIV ou de outra doença grave que suscite estigma ou preconceito. Inválido o ato, o empregado tem direito à reintegração no emprego.

RESUMINDO: PODEMOS PONTUAR QUE A INVERSÃO DO ONUS DA PROVA (INCLUSIVE A DECORRENTE DA UTILIZAÇÃO DA CARGA DINÀMICA) ENVOLVE:

a) Casos previstos em lei ou por determinação *ope judicis*;
b) Impossibilidade da produção da prova pela parte que detém o ônus;
c) Excessiva dificuldade probatória da parte que detém o ônus, ou:
d) Maior facilidade de produção da prova pela parte que não detém o ônus.

Optamos em destacar esse tópico, pois nem sempre há facilidade do candidato em observar o que está ou não provado, e principalmente o que merecia ser provado.

Analisaremos agora a prova de sentença do XLI Concurso Público para ingresso na Magistratura do Trabalho da 2ª Região, especificamente quanto à distribuição do ônus da prova com relação a alguns tópicos.

A prova consistia, dentre outros pedidos, em pagamento de verbas rescisórias e horas extras.

Quanto às verbas rescisórias, a reclamada empregadora alega justa causa para a rescisão contrato de trabalho sob a modalidade de abandono de emprego. Assim, como se trata de alegação de fato impeditivo do direito do autor, compete à Reclamada, o ônus da prova, conforme art. 818, II, CLT.

No que tangencia às horas extras, uma das alegações da reclamada foi no sentido de que as horas excedentes eram devidamente compensadas, e, portanto, não havia o pagamento. Nesse caso, o fato (fundamento do pedido) – hora extra – foi confirmado, tendo a empresa alegado novamente fato impeditivo, qual seja a compensação. Desta forma, mais uma vez à Reclamada cabia o ônus da prova.

Por conseguinte, a cada tópico o candidato deverá analisar o fundamento da petição inicial e o contraponto trazido pela Reclamada. Desta forma, tópico a tópico a sentença vai sendo delineada, a partir da apreciação fática envolvida e com a fixação do ônus da prova referente a cada pedido.

CAPÍTULO 2

TÉCNICA DE ELABORAÇÃO

2.1 REQUISITOS DA SENTENÇA

Segundo o art. 203, § 1º do CPC, sentença é o pronunciamento por meio do qual o juiz, o julgador põe fim à fase cognitiva do procedimento comum, resolvendo ou não o mérito, bem como envolve a extinção da execução.

Na sentença voltada para o concurso, pode haver a necessidade de extinção do feito sem resolução de mérito, normalmente por acolhimento de alguma preliminar, quando será proferida uma sentença terminativa.

Mas a regra é a prolação de sentença definitiva, ainda que por pronunciamento da prescrição ou da decadência.

De outra banda, à luz da tutela pretendida pelo autor pode ser proferida também sentença de cunho declaratório, constitutivo e condenatório.

O primeiro caso há a declaração da existência ou inexistência da relação jurídica ou a falsidade e autenticidade de documento. A apreciação e reconhecimento do vínculo de emprego, por exemplo, gera uma sentença de cunho declaratório.

A sentença constitutiva implica na criação, modificação ou extinção de uma relação jurídica. É o típico caso da resolução indireta do contrato, uma vez que a ruptura do vínculo será autorizada pela via judicial.

Por fim, a sentença condenatória impõe uma obrigação ao réu, dando origem ao título executivo.

Todavia, não se pode esquecer que há também o comando mandamental da sentença, que é proferida no mandado de segurança, no momento da sua concessão, cabendo ao juiz a emissão de ordem para cumprimento mediante um mandado.

Há também a sentença executiva lato sensu e que "*impõe uma obrigação cujo cumprimento pode ser exigido independentemente da instauração de processo de execução*". O exemplo mais comum é a hipótese da reintegração no emprego.

O conhecimento da classificação da sentença é importante no momento do seu lançamento no dispositivo, o que vai demonstrar ao examinador o domínio da técnica.

No estudo da conclusão da sentença iremos observar várias modalidades de lançamento da sentença que irão contemplar a classificação trazida.

O dispositivo é um dos elementos da sentença e que passaremos a estudar agora.

A redação do art. 489 do CPC aponta os elementos essenciais da sentença: a) o relatório (que conterá os nomes das partes, a identificação do caso, com a suma do pedido e da contestação, e o registro das principais ocorrências havidas no andamento do processo), a b) fundamentação (fundamentos, em que o juiz analisará as questões de fato e de direito) e o c) dispositivo (onde o juiz resolverá as questões principais que as partes lhe submeterem).

A CLT tem regra própria, consoante se vê do artigo 832 a seguir:

"*da decisão deverão constar o nome das partes, o resumo do pedido e da defesa, a apreciação das provas, os fundamentos da decisão e a respectiva conclusão.*

§ 1º – *Quando a decisão concluir pela procedência do pedido, determinará o prazo e as condições para o seu cumprimento.*

§ 2º – *A decisão mencionará sempre as custas que devam ser pagas pela parte vencida.*

§ 3º - As decisões cognitivas ou homologatórias deverão sempre indicar a natureza jurídica das parcelas constantes da condenação ou do acordo homologado, inclusive o limite de responsabilidade de cada parte pelo recolhimento da contribuição previdenciária, se for o caso.

§ 4º (...)"

Pela CLT, a sentença também deverá conter o relatório, a fundamentação e a conclusão ou dispositivo, que são os elementos de coincidência entre ambos os regramentos legais.

Todavia, há um *plus* na sentença trabalhista, já que também deve ser indicado o prazo e as condições para o seu cumprimento, com destaque para as sentenças de conhecimento (cognitivas ou homologatórias), onde também deverá ser discriminada a natureza das parcelas para fins e efeitos de incidência ou não da cota previdenciária.

Também é importante a definição pelo candidato do tempo verbal que irá usar na sentença, ou através da utilização do tempo presente do verbo (julgo) ou a pela terceira pessoa (julga-se). Uma vez eleita a preferência, deve ser mantida por toda a prova, para manter a uniformidade e coerência gramatical que cada tempo exige.

No próximo tópico vamos estudar cada um dos elementos da sentença de forma pormenorizada.

2.1.1 Elementos essenciais

2.1.1.1 Relatório

Quer pela CLT, quer pelo CPC, o relatório é o primeiro elemento técnico da sentença que vai ser apresentado pelo candidato na prova de sentença.

O relatório normalmente deve conter de forma resumida "*a tese do autor e antítese do réu, que conduzirão à síntese representada pela sentença*"

No relatório deve constar o nome das partes, a identificação do caso, com a suma do pedido e da contestação, e o registro das principais ocorrências havidas no andamento do processo.

Desta forma, como o próprio nome já diz, nessa parte da sentença faz-se o relato das ocorrências mais relevantes do processo.

Devemos atentar que **algumas provas dispensam a realização de relatório (isso, se for o caso, estará expresso no caderno de provas)**, e que nas causas que tramitam sob o rito sumaríssimo a própria lei dispensa a sua apresentação, conforme se vê do art. 852-I da CLT.

Caso a prova a ser realizada exija a apresentação do relatório, ele será obrigatório. No entanto, a apresentação de um relatório extremamente minucioso não fará com que o candidato seja aprovado, razão pela qual se sugere que o candidato não perca muito tempo em sua elaboração, mas no máximo entre quinze a vinte minutos.

Nessa parte da sentença, o candidato deve apresentar apenas um breve relato dos fatos mais importantes do feito, descrevendo as principais características e atos do processo.

Incialmente, em relação às partes deve se observar se há litisconsórcio ativo ou passivo, quando deverão ser indicados todos os que compõem o polo. Por exemplo, Antônio x, Rodolfo y e Caio z, ajuizaram reclamação trabalhista em face de EUA LTDA.

Ou

Antônio x, Rodolfo y e Caio z, ajuizaram reclamação trabalhista em face de EUA LTDA. e Brasil S.A.

Ou

Antônio x ajuizou reclamação trabalhista em face de EUA LTDA. e Brasil S.A.

Depois é importante fixar as principais teses da inicial e os respectivos pedidos, conforme exemplo abaixo:

> Antônio x ajuizou reclamação trabalhista em face de EUA LTDA. e Brasil S.A., pelo rito ordinário, afirmando que foi dispensado sem justa causa sem o recebimento das verbas resilitórias. Sustenta que a segunda ré foi a tomadora de serviços. Requer o pagamento das verbas resilitórias não quitadas, assim como a responsabilidade subsidiária da segunda reclamada, além de outros pedidos formulados da inicial, incluindo o pagamento de honorários advocatícios.

A seguir passa-se à ordem cronológica dos fatos, notadamente os processuais. Como a defesa no processo do trabalho é recebida em audiência, mister sua menção com a antítese do réu.

> Antônio x ajuizou reclamação trabalhista em face de EUA LTDA. e Brasil S.A., pelo rito ordinário, afirmando que foi dispensado sem justa causa sem o recebimento das verbas resilitórias. Sustenta que a segunda ré foi a tomadora de serviços. Requer o pagamento das verbas resilitórias não quitadas, assim como a responsabilidade subsidiária da segunda reclamada, além de outros pedidos formulados da inicial, incluindo o pagamento de honorários advocatícios.
>
> As rés apresentaram defesa. A primeira reclamada afirmou que quitou todas as verbas resilitórias no prazo legal. A segunda demandada afirma que o autor jamais lhe prestou serviços e, por isso, não pode ser responsabilizada subsidiariamente. Ambas requereram a improcedência do pedido (pugnam pela improcedência do pedido).

Abre-se um parêntesis para registrar as principais nomenclaturas de autor e réu para que não haja a constante repetição de apenas uma delas:

> Autor: Reclamante, demandante, parte autora, litigante.
>
> Réu: Reclamada ou reclamado, demandando, parte ré, litigante

Aqui também serão mencionados e apreciados os incidentes relevantes, mormente os de natureza interlocutória, a produção de prova pericial, e as principais ocorrências da audiência ou audiências.

Citamos como exemplo:

> Homologada a desistência requerida em relação ao item xx do rol pedidos.
>
> Rejeitada a exceção de incompetência relativa.
>
> Deferida a tutela antecipada (ou de urgência) para deferir ao autor a expedição de alvará para levantamento do FGTS.
>
> Indeferido o chamamento ao processo.

<u>É importante para o relatório:</u>

a) **Indicação de todos os litisconsortes;**

b) **Seguir ordem cronológica dos fatos;**

c) **Prestar atenção quando mencionar as razões finais (se foram orais remissivas ou sob a forma de memoriais escritos);**

d) **Indicar as duas propostas conciliatórias obrigatórias, quais sejam a da abertura da audiência e após as razões finais, na forma dos Arts. 846 e 850, CLT:**

Art. 846 - Aberta a audiência, o juiz ou presidente proporá a conciliação.

Art. 850 - Terminada a instrução, poderão as partes aduzir razões finais, em prazo não excedente de 10 (dez) minutos para cada uma. Em seguida, o juiz ou presidente renovará a proposta de conciliação, e não se realizando esta, será proferida a decisão.

2.1.2 Modelo

A seguir uma sugestão de relatório completo:

RECLAMANTE, devidamente qualificado, ajuizou em XXXXX Reclamação Trabalhista em face de RECLAMADA(S), formulando em síntese os pedidos XXXXX, instruída com documentos.

Atribuiu-se à causa o valor de R$ XXXX.

Conciliação recusada.

Defesa escrita, suscitando preliminares e prejudiciais de mérito **(se houver),** com documentos, e com apresentação de reconvenção **(se houver).**

Foram produzidas provas XXXX **(TESTEMUNHAIS, PERICIAIS, FORAM OUVIDAS AS PARTES EM DEPOIMENTOS PESSOAIS).**

Encerrada a instrução, sem mais provas.

Razões finais orais remissivas **(ou sob a forma de memoriais escritos)**, permanecendo inconciliáveis as partes.

É O RELATÓRIO.

Sugere-se que o candidato não perca tempo fazendo um relatório muito elaborado. Aliás, sugerimos que o candidato o memorize.

Acima demos um exemplo de relatório com as informações e requisitos principais, mas ao longo do estudo para a prova de sentença cada candidato fará o seu, e esse deve ser o memorizado. Desde que não faltem os aspectos mais importantes, acima já destacados, o candidato deverá criar seus próprios modelos, utilizando-o em cada exercício.

E lembre-se sempre: **o relatório é aquele elemento da sentença que, caso seja solicitado na prova, não pode faltar, mas não é o que levará à aprovação. Portanto, o candidato deverá ser técnico e analítico, mas sem grandes delongas.**

FUNDAMENTAÇÃO

2.2.1 Definição

Se no relatório o candidato apenas traça e indica as principais ocorrências do processo, será na fundamentação que o mesmo demonstrará seu conhecimento, pois aqui haverá julgamento das questões processuais (questões de ordem/ saneadoras, preliminares etc.), análise das prejudiciais (prescrição, quitação, dentre outras) e das provas produzidas (inclusive distribuição do ônus da prova), com a decisão fundamentada dos pedidos formulados.

Inicialmente, a sugestão é a divisão da fundamentação em tópicos. Além da didática, ainda fica mais fácil visualizar e encaixar algum esquecimento.

Na elaboração propriamente dita, a forma mais simples e mais eficaz de elaborá-la é a velha forma do silogismo lógico: síntese (premissa maior) x antítese (premissa menor) = conclusão.

1. Alegações do reclamante ou dos reclamantes

O autor alega (aduz, aponta, informa, argumenta) que...

Aqui se lembre de trazer as alegações de forma pontual, não precisando mencionar todas as argumentações, mas apenas de maneira telegráfica as principais. Com isso, evitar-se-á a elaboração de mini relatórios na fundamentação, o que demonstra pouca noção prática de elaboração de sentença.

2. Alegações da reclamada ou das reclamadas

O reclamado rebate a pretensão, aduzindo que (se contrapõe, alegando que, se insurge se manifestando no sentido de que o pedido é improcedente).

Da mesma forma que acima, não devem ser trazidas todas as alegações, mas apenas as mais importantes para fixação/ distribuição do ônus da prova.

3. A conclusão do juiz (candidato)

Exemplo completo:

"O autor aduz que no cálculo do extra a ré não considerava o triênio e o adicional de risco, parcelas que integrariam a remuneração para tal efeito.

A ré rebate afirmando que se trata de parcelas previstas em norma coletiva, sendo que o triênio diz respeito ao tempo de serviço do empregado, não servindo para retribuir a prestação. Alega que o adicional de risco não tem natureza salarial, conforme se extrai da norma coletiva.

Ambos os direitos são previstos na norma coletiva, cláusulas nona e décima da Convenção Coletiva de Trabalho 2013/2015.

Quanto ao triênio, a citada cláusula nada tece sobre o tema. Logo, pela cláusula não restou afastada a natureza salarial da parcela.

Em relação à adicional de risco, a restrição da norma coletiva é quanto a sua incidência sobre as férias, décimo terceiro salário e também para o cálculo das horas extras, sendo que o referido adicional só passou a incidir após 1º de março de 2013. Não há qualquer disposição, restringindo a natureza salarial da parcela, em comento.

Resta saber a finalidade de ambos os adicionais.

O adicional é um sobre salário pago em virtude de uma circunstância específica. Tem origem contratual, normativa ou legal. Via de regra é calculado percentualmente sobre um parâmetro salarial. Tem natureza salarial nítida, já que visa remunerar, por exemplo, um desconforto, desgaste ou risco vivenciados, da responsabilidade e encargos superiores recebidos, do exercício cumulativo de *funções, pelo tempo de serviço etc.*

Por conseguinte, se a norma coletiva não fez qualquer restrição, irrelevante que a parcela não esteja prevista em lei, já que a sua natureza jurídica dita o seu caráter, no caso, nitidamente salarial. Desta forma, deveria a ré integrar no cálculo das horas extras, os adicionais em comento, conforme entendimento sumular 203 e 264 do C. TST. Em assim não o fazendo, procede o pedido de pagamento das diferenças decorrentes da integração (itens b e g, do rol de pedidos), considerando as normas coletivas vigentes nas épocas e carreadas aos autos.

O adicional de risco só passará a integrar o cálculo das férias acrescidas de 1/3, décimo terceiro salário e horas extras, a partir de 1º de março de 2013".

Pelo exemplo acima, primeiro foram apreciadas a prova e os conceitos do adicional. Depois, passou-se a apreciar o seu fundamento com a subsunção à norma, tanto coletiva como a infraconstitucional e, por fim, chegou-se à conclusão.

Segue outro exemplo:

"O reclamante postula a equiparação salarial com o paradigma XXXX, tendo em vista que exerciam as mesmas funções de Líder Operacional Segurança Instalação.

Em contestação, a reclamada afirma que o reclamante e paradigma jamais desempenharam o mesmo cargo, sendo certo que suas atividades laborativas eram distintas. Afirma que XXX foi admitido em 03/11/2014, como "ESPECIALISTA OPERAÇÕES SEGURANÇA", sendo promovido, em agosto de 2015, ao cargo de "GERENTE INTEGRAÇÃO SEGURANÇA MÍDIA".

Quando se trata de equiparação salarial o ônus da prova é distribuído entre os litigantes, cabendo ao autor provar o fato constitutivo do seu direito. À ré, por sua vez, cabe o ônus de provar os fatos modificativos, extintivos ou impeditivos do direito autoral, no que diz respeito à diferença de produtividade e perfeição técnica, de tempo de serviço no exercício da função e existência de quadro de carreira.

No caso, a reclamada se desvencilhou do ônus de comprovar fato impeditivo para a equiparação salarial (art. 818, II, da CLT). Assim, o ônus da prova é do autor.

O autor em depoimento confessou que (...). Já nos autos da RT disse, como testemunha que (...).

O preposto do primeiro réu afirmou que (...).

A testemunha do autor afirmou que (...).

A questão é dirimida pelo depoimento do autor em cotejo com seu depoimento prestado como testemunha.

Deste modo, se conclui que o paradigma XXX era superior hierárquico do reclamante possuindo maiores poderes de gestão, pois a ele se reportava.

Ademais, a testemunha arrolada pelo autor se mostrou imprestável como meio de prova já que não soube informar com precisão as atribuições do paradigma e não acompanhava a rotina de trabalho do autor e do modelo.

Assim, julgo improcedente o pedido do item "c" do rol da inicial e os respectivos reflexos.

Fique atento a outras dicas!

- A análise das preliminares e das prejudiciais precisa ser feita de forma criteriosa, mas cuidado com o tempo.
- O ideal é que o candidato foque a maior parte tempo de prova no mérito (observe as sugestões de preliminares e prejudiciais que estão em tópico próprio do livro);
- O candidato deverá procurar iniciar sua análise das preliminares, prejudiciais e tópicos do mérito, fundamentando. Evite usar "assiste razão ao reclamante / à reclamada". Ora, isso já é uma antecipação do julgamento sem a fundamentação.
- Da mesma forma não deve iniciar mencionando "procede o pedido, ou acolho a prejudicial, ou rejeito". **Não inicie pela conclusão.** A conclusão, como o próprio nome já sugere, é o final, razão pela qual a fundamentação deve vir antes.
- A iniciação pela conclusão pode não causar uma boa impressão para o examinador. Afinal, como o candidato já concluiu, se não apreciou os argumentos e provas? Tecnicamente, não é a melhor saída.
- Não deixe de fazer a correlação fato-norma. O trabalho do juiz é aplicar a lei ao fato concreto. A CLT não exige a indicação do dispositivo legal, pois o juiz conhece o direito (*iura novit curia*). Além disso, não fica vinculado a uma eventual qualificação jurídica declinada, uma vez que pode fazê-lo de outra forma.
- Isso quer dizer que o candidato pode, e deve, citar a norma, sem necessariamente fazer menção ao dispositivo legal.
- Empenhe seu tempo na matéria fático-jurídica mais relevante, no tema central ou no ponto nodal, mas também utilize argumentos que estejam dentro do processo ou possam correlacionar-se com que se está julgando, como reforço de tese ou de convencimento ou de argumento. Ex.: "Desta forma, diante da ausência de pedido principal,

estão prejudicadas as análises dos pedidos acessórios; sendo alcançando o pleito pela prescrição, já que não ocorreu sua interrupção, até porque não se juntou a inicial do processo anterior quando do ajuizamento da presente, o que se aduz como reforço de argumentação".

2.2.2 Ordem de julgamento e a Questão da prejudicialidade quando da definição da ordem

Inicialmente daremos algumas dicas de estruturação da fundamentação:

A) Pensar na ordem de julgamento antes de iniciar a prova (fazer quadro?)

Como mencionamos acima, entendemos proveitosa a confecção do quadro de sentença, ou de alguma forma de resumo da prova, a fim de que após sua elaboração, o candidato consulte o menor tempo possível, o caderno de prova, otimizando o seu tempo e facilitando a elaboração do julgado.

Assim, após a elaboração do quadro (ou do resumo) é momento de pensar-se na ordem de julgamento. Inicialmente, devem ser apreciadas, as questões processuais (questões saneadoras e preliminares, sendo que nessa última primeiro julgamos os pressupostos processuais e depois as condições da ação), depois as prejudiciais de mérito (prescrição bienal, prescrição total e prescrição quinquenal) e em seguida o mérito propriamente dito.

Podemos dizer sem medo de errar (e essa noção você deve levar consigo por todo o estudo para a prova de sentença), que não existe ordem rígida de julgamento no mérito, mas sim uma ordem lógica, conforme a PREJUDICIALIDADE ENTRE AS QUESTÕES AVENTADAS E POSTAS PARA JULGAMENTO.

ISSO QUER DIZER QUE PRIMEIRO JULGAMOS AQUELA QUESTÃO CUJO RESULTADO SEJA NECESSÁRIO PARA O JULGAMENTO DA PRÓXIMA, E ASSIM POR DIANTE.

Vejamos alguns exemplos:

1. Pedido de reconhecimento de vínculo de emprego e pagamento de verbas contratuais e rescisórias – como poderemos julgar as verbas sem antes saber se havia ou não entre as partes uma relação empregatícia? Desta forma, fica claro que a decisão quanto ao vínculo de emprego é prejudicial às demais. Assim, primeiro analisamos o pedido de declaração de vínculo empregatício, e, em seguida, julgamos as verbas dele decorrentes;
2. Pedidos de pagamento verbas rescisórias e de horas extras com projeção nas verbas contratuais e rescisórias. A Reclamada alega dispensa por justa causa – primeiro precisamos decidir quanto à modalidade de dispensa para saber quais as verbas rescisórias incidentes. Após, julgamos o pedido de pagamento das horas extras, e já saberemos em quais verbas rescisórias essas refletirão. O julgamento fica mais fácil e também lógico;
3. Pedidos de equiparação salarial e pagamento e horas extras – em regra, precisamos saber qual efetivo valor do salário do empregado para sabermos a base de cálculo das horas extras possivelmente deferidas. Assim, o julgamento do pedido de equiparação salarial vem primeiro, e o das horas extras depois;
4. Duração do contrato de trabalho (quando se pede unicidade ou sucessão) para que se possibilite a determinação do período para deferimento de outras verbas;
5. Qualidade do vínculo (doméstico, urbano, rural, outra categoria) para que se possa decidir sobre as demais parcelas pretendidas (inclusive verbas constantes de normas coletivas).

Também pode haver mudança na ordem de julgamento entre uma prejudicial e um pedido do mérito. Vejamos: pedido de pagamento das verbas rescisórias decorrentes de uma dispensa injusta – reclamante alega que foi dispensado em 01.07.2018 (contrato de trabalho a prazo indeterminado com 06 meses de vigência), e fim do contrato em 31.07.2018 (com inclusão do aviso prévio de 30 dias) – ajuíza Reclamação Trabalhista em 31.07.2020. A reclamada alega dispensa por justa causa em 01.07.2018, suscitando a prejudicial de prescrição extintiva, pois ultrapassado o prazo de 2 anos após a extinção do contrato de trabalho para ajuizamento da reclamação trabalhista.

Ora, toda a questão gira em torno de qual efetivamente foi o último dia do contrato de trabalho, se 01.07.2018 ou 31.07.2018, pois no primeiro caso haveria prescrição bienal e no segundo não, tendo em vista o ajuizamento da ação em 31.07.2020.

E a decisão quanto ao último dia trabalho passa necessariamente por decidir a forma de dispensa, se por justa causa ou não. E por quê? Porque no primeiro caso, se confirmada a justa causa, não há inclusão de aviso prévio. Assim, o último dia laborado seria 01.07.2018, e haveria prescrição bienal a ser reconhecida pelo ajuizamento da ação em 31.07.2020. Já no segundo caso, em sendo afastada a justa causa e reconhecida a dispensa injusta, há inclusão de aviso prévio. Assim, o último dia laborado seria 31.07.2018, e não haveria prescrição bienal a ser reconhecida pelo ajuizamento da ação em 31.07.2020.

Perceba que a análise da modalidade de dispensa é prejudicial ao julgamento da prescrição bienal. Ou seja, primeiro se faz necessário abrir tópico da modalidade de dispensa e fixar o último dia trabalhado, sem se decidir nada sobre as verbas. Depois, deverá ser aberto um tópico para julgar a prescrição bienal. E se essa for afastada, julgam-se, em outro tópico, as verbas rescisórias.

Esse é apenas um exemplo de que não há ordem rígida de julgamento. Há, na verdade, uma noção geral, mas que pode ser modificada conforme a ordem de prejudicialidade acima ressaltada.

Afora a questão da prejudicialidade, por certo que temos uma regra quanto à ordem de julgamento. E fazemos sua indicação abaixo:

- Direito Intertemporal – sempre deve ser aberto esse tópico no início da sentença (logo no começo da fundamentação) na hipótese de contrato de trabalho iniciado antes da reforma trabalhista e que permaneceu vigorando após o advento da Lei 13.467/2017. Nele deve-se deixar claro que o direito material respeitará o período do contrato de trabalho, conforme a lei vigente a cada época, e que o direito processual aplicado levará em consideração a data de ajuizamento da ação, conforme Teoria do Isolamento dos Atos Processuais.
- Questões de ordem (medidas saneadoras) – arguição de nulidades (inclusive a de citação), protestos, contraditas, dentre outros.
- Preliminares da defesa – Pressupostos processuais (exceção de incompetência, incompetência material, inépcias etc.) e Condições da Ação (interesse de agir e ilegitimidade).
- Prejudiciais de mérito – prescrição (Bienal, Total, Quinquenal), quitação.
- Mérito – e dentro deste:
- Data de admissão
- Data e forma da extinção do contrato (se for o caso)
- Função
- Salário
- Demais matérias afetas ao mérito

B) Uso de tópicos

Recomenda-se fortemente a utilização de tópicos na confecção da sentença.

A redação corrida sem qualquer separação além de propiciar uma redação confusa, um texto prolixo e desconectado, certamente aumentam as chances de não se fazer um encadeamento lógico, bem como de esquecimento quanto a algum pedido.

Portanto, separe todas as questões e pedidos formulados em tópicos.

Outras dicas para a fundamentação!

- Observe a nomenclatura mais adequada na apreciação das preliminares ou prefaciais que podem ser acolhidas (acolhe-se a preliminar de inépcia da inicial, extinguindo-se o feito sem resolução de mérito em relação ao item a do rol de pedidos, na forma do art. 485, I do CPC) ou rejeitadas (ou rechaçadas ou refutadas) (rejeita-se a preliminar de inépcia da inicial).
- Em caso de análise de prejudiciais, elas também são rejeitadas (rejeita-se a prejudicial de prescrição) ou acolhidas (acolhe-se a prejudicial suscitada pela reclamada para pronunciar a prescrição extintiva, extinguindo-se o feito com resolução de mérito, em relação aos pedidos (ou pleitos) de pagamento de horas extras e prêmios, na forma do art. 487, III do CPC).
- Os pedidos são julgados procedentes ou improcedentes.
- Os requerimentos são deferidos ou indeferidos. Indefere-se a expedição de ofícios uma vez que não há irregularidades cometidas pela reclamada.

Gratuidade de justiça não é pedido, e sim requerimento. Por tal motivo, ele é enquadrado como móvel, podendo vir no começo da fundamentação (logo após o tópico de direito intertemporal, se for o caso), ou ao final, após o julgamento de todos os pedidos.

É muito comum a dúvida quanto à possibilidade de concessão do benefício da gratuidade de justiça de ofício (ou seja, sem o referido pedido por qualquer das partes).

E a resposta é positiva, se levarmos em consideração o disposto no art. 790, § 3º, da CLT: "é *facultado aos juízes, órgãos julgadores e presidentes dos tribunais do trabalho de qualquer instância conceder, a requerimento ou de ofício, o benefício da justiça gratuita, inclusive quanto a traslados e instrumentos, àqueles que perceberem salário igual ou inferior a 40% (quarenta por cento) do limite máximo dos benefícios do Regime Geral de Previdência Social.*" (grifos nossos)

Assim, se a parte preenche os requisitos previstos no dispositivo acima mencionado, o julgador poderá conceder-lhe o benefício de ofício, e não haverá qualquer erro na prova.

No entanto, na prova recomenda-se que a preocupação seja em analisar a questão da gratuidade, se houvesse requerimento expresso de qualquer das partes. Caso contrário, sugere-se que não o assunto não deve ser apreciado. Contudo, tal percepção deve ser feita pelo candidato no momento da prova.

2.2.3 Questões saneadoras

As questões saneadoras se referem a aspectos processuais que devem ser analisados antes de qualquer questão, e com objetivo de sanear e fazer com que não haja nulidade advinda do rito processual adotado pelo Magistrado.

Aqui caberá análise e julgamento de possível alegação de nulidade por vício de citação ou protestos suscitados pelas partes pela concessão ou não de algum requerimento formulado especialmente em audiência, retificação do polo passivo, correção de rito procedimental etc.

2.2.4 Exceções

As exceções encontram-se previstas no art. 799 da CLT, segundo o qual, "*nas causas da jurisdição da Justiça do Trabalho, somente podem ser opostas, com suspensão do feito, as exceções de suspeição ou incompetência*".

Claro, portanto, que as exceções permitidas no Processo do Trabalho, com suspensão da tramitação do feito, são as de suspeição ou impedimento (que visam discutir ou impugnar a imparcialidade do Juiz no julgamento da causa) e de incompetência (que objetiva afastar a causa do juízo em que foi proposta).

Essas exceções deverão ser apresentadas em peça apartada da defesa, enquanto as demais serão suscitadas em sede de contestação, e a decisão que resolve as exceções (exceto, claro, quando terminativa do feito) tem natureza de decisão interlocutória e não se sujeitam a recurso imediato, conforme disposto no art. 799, § 2º da CLT: *das decisões sobre exceções de suspeição e incompetência, salvo, quanto a estas, se terminativas do feito, não caberá recurso, podendo, no entanto, as partes alegá-las novamente no recurso que couber da decisão final*".

As hipóteses de suspeição encontram-se previstas no Art. 801, CLT, enquanto as de impedimento demandam busca subsidiária no CPC, mais precisamente no Art. 144, CPC.

CLT, Art. 801 - O juiz, presidente ou vogal, é obrigado a dar-se por suspeito, e pode ser recusado, por algum dos seguintes motivos, em relação à pessoa dos litigantes:

a) *Inimizade pessoal;*

b) *Amizade íntima;*

c) *Parentesco por consanguinidade ou afinidade até o terceiro grau civil;*

d) *Interesse particular na causa.*

CPC, Art. 144. Há impedimento do juiz, sendo-lhe vedado exercer suas funções no processo:

I - *Em que interveio como mandatário da parte, oficiou como perito, funcionou como membro do Ministério Público ou prestou depoimento como testemunha;*

II - *De que conheceu em outro grau de jurisdição, tendo proferido decisão;*

III - *Quando nele estiver postulando, como defensor público, advogado ou membro do Ministério Público, seu cônjuge ou companheiro, ou qualquer parente, consanguíneo ou afim, em linha reta ou colateral, até o terceiro grau, inclusive;*

IV - *Quando for parte no processo ele próprio, seu cônjuge ou companheiro, ou parente, consanguíneo ou afim, em linha reta ou colateral, até o terceiro grau, inclusive;*

V - *Quando for sócio ou membro de direção ou de administração de pessoa jurídica parte no processo;*

VI - *Quando for herdeiro presuntivo, donatário ou empregador de qualquer das partes;*

VII - *Em que figure como parte instituição de ensino com a qual tenha relação de emprego ou decorrente de contrato de prestação de serviços;*

VIII - *Em que figure como parte cliente do escritório de advocacia de seu cônjuge, companheiro ou parente, consanguíneo ou afim, em linha reta ou colateral, até o terceiro grau, inclusive, mesmo que patrocinado por advogado de outro escritório;*

IX - *Quando promover ação contra a parte ou seu advogado.*

Por certo que ambas as exceções visam garantir a isenção do Juiz quando do julgamento da causa. No entanto, cabe distingui-las, pois enquanto a exceção de suspeição está ligada a elementos subjetivos (da pessoa do Juiz), a de impedimento tem ligação com elementos objetivos (não necessitando demonstração de efetiva influência do julgador no caso).

Por certo que as exceções devem ser rejeitadas na prova, sendo importante o local adequado para julgamento pelo candidato.

A exceção de incompetência em razão do lugar também deve ser analisada nesse tópico, e conforme os termos relatados no item 4.5.

2.2.5 Preliminares

As preliminares ou objeções processuais são as matérias que, acaso acolhidas, implicarão em extinção dos pedidos sem resolução do mérito. Assim, são consideradas defesas contra o processo, e são as matérias delineadas no art. 337, do CPC, *in verbis*:

Incumbe ao réu, antes de discutir o mérito, alegar:

I - *Inexistência ou nulidade da citação;*

II - *Incompetência absoluta e relativa;*

III - *Incorreção do valor da causa;*

IV - *Inépcia da petição inicial;*

V - *Perempção;*

VI - *Litispendência;*

VII - *Coisa julgada;*

VIII - *Conexão;*

IX - *Incapacidade da parte, defeito de representação ou falta de autorização;*

X - *Convenção de arbitragem;*

XI - *Ausência de legitimidade ou de interesse processual;*

XII - ***Falta de caução ou de outra prestação que a lei exige como preliminar;***

XIII - ***Indevida concessão do benefício de gratuidade de justiça.***

Observe-se que no momento do julgamento, primeiro devem ser analisados os pressupostos processuais e depois as condições da ação.

Os pressupostos processuais são os elementos de existência e validade do processo, consistindo em matérias preliminares, que devem ser analisadas pelo Juiz antes de adentrar no mérito da demanda.

Os pressupostos de existência, como o nome já diz, consistem nos elementos que devem estar presentes para que o processo exista de maneira jurídica. Esses, portanto, devem ser analisados em primeiro lugar.

Depois de constatada a existência jurídica do processo, há que se avaliar sua validade, ou seja, se o processo está em conformidade com os requisitos legais do ato ou fato.

No tocante às condições da ação, leciona Mauro Schiavi que "*as condições da ação são requisitos que deve conter a ação para que o juiz possa proferir uma decisão de mérito, julgando a pretensão trazida a juízo*".

Inicialmente, e conforme previsto no antigo CPC de 1973, eram condições da ação a legitimidade, o interesse de agir e a possibilidade jurídica do pedido.

No entanto, a partir do CPC de 2015, passamos a ter apenas duas condições da ação, quais sejam a legitimidade e o interesse de agir, passando a questão da possibilidade jurídica a ser analisa no mérito, deixando de atuar como condição da ação.

2.2.6 Prejudiciais

As prejudiciais de mérito são as matérias nas quais, se acolhidas, implicarão em extinção dos pedidos com resolução do mérito. É a hipótese de prescrição ou decadência.

Segundo Carlos Henrique Bezerra Leite, "*a prescrição e a decadência, como já vimos, são exemplos de fatos extintivos da relação de direito material, razão pela qual, quando acolhidas, extinguem o processo com resolução do mérito (CPC, art. 487, II). Por não estarem catalogadas no rol das preliminares previstas no art. 337 do CPC, devem ser alegadas como defesa indireta de mérito, isto é, como prejudiciais, e não como "preliminares do mérito", expressão que, na linguagem da moderna ciência processual, encerra uma contradictio in terminis (contradição entre os termos)*".

Em regra, vamos analisar as prejudiciais antes do mérito propriamente dito. No entanto, como devemos observar a questão da prejudicialidade, a depender do caso concreto pode ser que tenhamos que alterar a ordem na sentença, conforme visto no item 2.2.2.

2.2.7 Mérito propriamente dito

No mérito propriamente dito julgaremos os pedidos formulados, analisando as provas produzidas, e chegando ao resultado final de procedência total ou parcial, ou de improcedência.

CAPÍTULO 3

DISPOSITIVO

3.1 DEFINIÇÃO

O artigo art. 489, III do CPC, acerca do dispositivo, preceitua que são elementos essenciais da sentença: ***III - o dispositivo, em que o juiz resolverá as questões principais que as partes lhe submeterem".***

A CLT, no artigo 832, também menciona a conclusão no seu *caput*, *in verbis: "da decisão deverão constar o nome das partes, o resumo do pedido e da defesa, a apreciação das provas, os fundamentos da decisão e a respectiva conclusão."*

O dispositivo é, portanto, a conclusão, já que é o que efetivamente transita em julgado. É o local onde devem constar todos os pedidos julgados procedentes ou procedentes em parte (bem como possíveis requerimentos deferidos), conforme a causa de decidir da fundamentação.

Podemos dizer, assim, e em linhas bem simples, que o dispositivo atua como um resumo da fundamentação, e sem ele a sentença é inexistente.

3.2 DISPOSITIVO DIRETO OU INDIRETO? DIFERENÇAS

O dispositivo pode ser direto ou indireto, sendo que no primeiro temos detalhadamente todos os pedidos deferidos (inclusive possíveis valores, parâmetros e reflexos), enquanto no segundo apenas se faz menção ao que tenha ficado decidido na fundamentação.

Como o fator tempo é bastante temido pelos candidatos, caso esteja se esgotando e o candidato ainda não tenha chegado ao dispositivo, é sempre preferível que sua fundamentação seja mais breve nos pedidos que faltarem para que o dispositivo conste da sentença.

Claro que na prova o candidato sempre deve dar preferência ao dispositivo direto; no entanto, caso o critério tempo seja um problema, pode-se optar pela escolha do dispositivo indireto, pois assim terá mais chances de “fechar a prova”.

3.3 PARTES IMPORTANTES

No presente tópico vamos analisar e pontuar questões importantes que não podem ser esquecidas quando da elaboração do dispositivo.

Tanto no dispositivo direto quanto no indireto deve haver menção às preliminares rejeitadas e acolhidas, aplicando-se o mesmo às prejudiciais, e, conforme dito acima, no caso do direto deve-se constar todos os pedidos que tiveram como resultado a procedência (total ou parcial). Certo assim, que, **pedidos julgados improcedentes ou requerimentos indeferidos não fazem parte do dispositivo.**

No entanto, se na mesma sentença tiverem sido julgadas mais de uma ação (pensemos numa ação e uma reconvenção, ou numa reclamação trabalhista e uma ação de consignação

em pagamento, por exemplo), teremos uma sentença (com um relatório, uma fundamentação e um dispositivo) para todas as ações envolvidas, e caso alguma delas seja totalmente julgada improcedente, aí sim essa improcedência deve constar do dispositivo de forma expressa.

Da mesma forma, em caso de litisconsórcio (ativo ou passivo), se houve improcedência total do pedido para algum dos litisconsortes, essa improcedência também deve constar do dispositivo.

Repita-se, portanto, que apenas PEDIDOS julgados improcedentes ou REQUERIMENTOS indeferidos é que não devem constar do dispositivo.

Na hipótese de julgamento de responsabilidade solidária ou subsidiária, essa decisão também deve constar do dispositivo após a menção a condenação da Reclamada ou das Reclamadas.

Também deve constar do dispositivo a aplicação e incidência de correção monetária e juros de mora, bem como a natureza das parcelas para incidência ou não de INSS (conforme Art. 832, § 3º, CLT), e, por último, a determinação de retenção de imposto de renda, conforme reza o artigo 832, § 3º da CLT: "*as decisões cognitivas ou homologatórias deverão sempre indicar a natureza jurídica das parcelas constantes da condenação ou do acordo homologado, inclusive o limite de responsabilidade de cada parte pelo recolhimento da contribuição previdenciária, se for o caso*'.

3.4 PRAZO DE CUMPRIMENTO

Caso o pedido seja julgado parcial ou totalmente procedente, no dispositivo deve constar o prazo de cumprimento da decisão, que no caso é o de 08 (oito) dias, tendo em vista o prazo para interposição de recurso ordinário, consoante prevê o § 1º do artigo 832 da CLT: "*quando a decisão concluir pela procedência do pedido, determinará o prazo e as condições para o seu cumprimento*".

3.5 CUSTAS

Também no dispositivo, e independentemente do resultado da sentença (procedência total ou parcial, ou improcedência), deve constar a condenação em custas que devem ser pagas pela parte vencida, conforme previsão do art. 832, § 2º, CLT, *in verbis*: "§ 2º - A decisão mencionará sempre as custas que devam ser pagas pela parte vencida".

As custas estão disciplinadas no Art. 789 da CLT, que assim dispõe: "*nos dissídios individuais e nos dissídios coletivos do trabalho, nas ações e procedimentos de competência da Justiça do Trabalho, bem como nas demandas propostas perante a Justiça Estadual, no exercício da jurisdição trabalhista, as custas relativas ao processo de conhecimento incidirão à base de 2% (dois por cento), observado o mínimo de R$ 10,64 (dez reais e sessenta e quatro centavos) e o máximo de quatro vezes o limite máximo dos benefícios do Regime Geral de Previdência Social, e serão calculadas:*

I - *Quando houver acordo ou condenação, sobre o respectivo valor;*

II - *Quando houver extinção do processo, sem julgamento do mérito, ou julgado totalmente improcedente o pedido, sobre o valor da causa;*

III - *No caso de procedência do pedido formulado em ação declaratória e em ação constitutiva, sobre o valor da causa;*

IV - *Quando o valor for indeterminado, sobre o que o juiz fixar.*

§ 1º As custas serão pagas pelo vencido, após o trânsito em julgado da decisão. No caso de recurso, as custas serão pagas e comprovado o recolhimento dentro do prazo recursal.

§ 2º Não sendo líquida a condenação, o juízo arbitrar-lhe-á o valor e fixará o montante das custas processuais.

§ 3º Sempre que houver acordo, se de outra forma não for convencionado, o pagamento das custas caberá em partes iguais aos litigantes.

§ 4º Nos dissídios coletivos, as partes vencidas responderão solidariamente pelo pagamento das custas, calculadas sobre o valor arbitrado na decisão, ou pelo Presidente do Tribunal."

Assim, o Juízo condenará a parte vencida ao pagamento de custas no montante de 2% calculado sobre o valor da condenação, em caso de procedência total ou parcial, ou calculado sobre o valor dado à causa, na hipótese de improcedência total do pedido.

Mas quem deverá recolher as custas? Se o pedido for julgado procedente (procedência total ou parcial), o pagamento competirá à parte Reclamada. Se for julgado improcedente, o pagamento deverá ser realizado pela parte reclamante, estando dispensado do recolhimento, desde que deferida a gratuidade de justiça.

O candidato também deve estar atento a entes que estão isentos do recolhimento das custas. Desta forma, as custas devem ser arbitradas, mas com a ressalva quanto à dispensa do recolhimento, na forma do art. 790-A, CLT: "são isentos do pagamento de custas, além dos beneficiários de justiça gratuita:

I - *A União, os Estados, o Distrito Federal, os Municípios e respectivas autarquias e fundações públicas federais, estaduais ou municipais que não explorem atividade econômica;*

II - *O Ministério Público do Trabalho.*

Parágrafo único. A isenção prevista neste artigo não alcança as entidades fiscalizadoras do exercício profissional, nem exime as pessoas jurídicas referidas no inciso I da obrigação de reembolsar as despesas judiciais realizadas pela parte vencedora."

Há dúvida recorrente de candidatos quanto ao arbitramento do valor das custas. Ou seja, se devem ser arbitradas, ou se basta fazer menção, sem estipulação de valor. Preconiza-se que o candidato deve arbitrar um valor para a condenação (não se preocupe com o valor em si, pois o examinador verificará apenas se esse requisito foi cumprido) e fazer o cálculo do percentual previsto em lei. Assim, o candidato pode arbitrar a condenação o valor de R$ 10.000,00 e as custas serão de R$ 200,00.

Por último, o candidato deve atentar que, caso a sentença envolva mais de uma ação (como, por exemplo, no julgamento conjunto de ação e reconvenção, ou reclamação trabalhista e ação de consignação em pagamento), haverá necessidade de arbitramento de das custas para cada uma.

3.6 INTIMAÇÕES ESPECÍFICAS

Ao final do dispositivo pode haver a necessidade de intimação das partes, pois dependerá da sentença ter ficado sem data para publicação ou se as partes já saíram cientes com a sua publicação previamente marcada (leitura de sentença). Desta forma, se a prova deixou a sentença sem data específica de publicação (ou *sine die* para decisão), o candidato deverá determinar a intimação das partes.

No entanto, se ficou marcada leitura de sentença, não há necessidade de intimação. Assim, basta que o candidato coloque "partes cientes" ou "sentença proferida e publicada em audiência. Partes cientes do prazo recursal", para os fins e efeitos da Súmula 197 do C. TST.

3.7 EXEMPLOS DE DISPOSITIVO

Exemplo de dispositivo indireto (que, como asseverado acima, não deve ser o preferencialmente utilizado):

"ISTO POSTO, nos autos da Reclamação Trabalhista ajuizada por XXXX em face de XXXXX, decido Rejeitar as Preliminares arguidas, Acolher a Preliminar de XXXXX e Extinguir o processo sem resolução do mérito quanto ao pedido de XXXXX, Pronuncio a Prescrição Parcial e julgo extinto com resolução do mérito pedidos com exigibilidade anterior a XXXXX, e no mérito propriamente dito julgo PROCEDENTE EM PARTE, condenando a Reclamada (ou as Reclamadas Solidariamente OU a Primeira Reclamada de forma Principal e a Segunda Reclamada de forma Subsidiária) ao pagamento de indenização por danos morais, verbas resilitórias, repousos semanais e horas extras, bem como as integrações, tudo na forma da fundamentação supra que integra este decisum.

Acresçam-se à condenação correção monetária e juros de mora.

Prazo de cumprimento de 8 dias.

Transitada em julgado a decisão deve a Reclamada comprovar nos autos o recolhimento da contribuição previdenciária incidente sobre as parcelas acima deferidas, tendo em vista sua natureza salarial ou indenizatória, de acordo com o Art. 28, § 9º, Lei nº 8.212/91, sob pena de execução.

Quando do pagamento ao credor deve ser retido o valor do imposto de renda devido e que deve ser recolhido pela parte Ré, não havendo incidência, no entanto, sobre parcelas indenizatórias e juros de mora.

Custas de R$ 200,00, calculadas sobre o valor atribuído à condenação de R$ 10.000,00, de acordo com o Art. 789, IV, CLT, pela Reclamada (ou pelas Reclamadas).

Intimem-se (OU sentença proferida e publicada em audiência. Partes cientes do prazo recursal, para os fins e efeitos da Súmula 197 do C. TST (no caso de marcação de leitura de sentença).

O que muda no dispositivo direto é que serão apontados todos os pedidos deferidos (e consequentes reflexos e valores (se líquida), caso arbitrados na sentença) e de forma pormenorizada, não havendo apenas menção ao que tenha ficado decidido na fundamentação. Observe abaixo:

ISTO POSTO, nos autos da Reclamação Trabalhista ajuizada por XXXX em face de XXXXX, decido Rejeitar as Preliminares arguidas, Acolher a Preliminar de XXXXX e Extinguir o processo sem resolução do mérito quanto ao pedido de XXXXX, Pronuncio a Prescrição Parcial e julgo extinto com resolução do mérito pedidos com exigibilidade anterior a XXXXX, e no mérito propriamente dito julgo PROCEDENTE EM PARTE, condenando a Reclamada (ou as Reclamadas Solidariamente OU a Primeira Reclamada de forma Principal e a Segunda Reclamada de forma Subsidiária) ao pagamento de:

- *Horas extras com adicional de 50% e projeção em aviso prévio, 13º salários, férias acrescidas de 1/3 e FGTS acrescido de 40%;*
- *Adicional noturno na base de 20% sobre a hora diurna, e projeção em aviso prévio, 13º salários, férias acrescidas de 1/3 e FGTS acrescido de 40%;*
- *Indenização por dano moral no valor de R$ 10.000,00.*

Acresçam-se à condenação correção monetária e juros de mora.

Prazo de cumprimento de 08 dias.

Transitada em julgado a decisão deve a Reclamada comprovar nos autos o recolhimento da contribuição previdenciária incidente sobre as parcelas acima deferidas, tendo em vista sua natureza salarial ou indenizatória, de acordo com o Art. 28, § 9º, Lei nº 8.212/91, sob pena de execução.

Quando do pagamento ao credor deve ser retido o valor do imposto de renda devido e que deve ser recolhido pela parte Ré, não havendo incidência, no entanto, sobre parcelas indenizatórias e juros de mora.

Custas de R$ 200,00, calculadas sobre o valor atribuído à condenação de R$ 10.000,00, de acordo com o Art. 789, IV, CLT, pela Reclamada (ou pelas Reclamadas).

Intimem-se (sentença proferida e publicada em audiência). Partes cientes do prazo recursal para os fins e efeitos da Súmula 197 do C. TST (no caso de marcação de leitura de sentença).

Exemplo de dispositivo no julgamento de improcedência:

ISTO POSTO, nos autos da Reclamação Trabalhista ajuizada por XXXX em face de XXXXX, decido Rejeitar as Preliminares arguidas, Acolher a Preliminar de XXXXX e Extinguir o processo sem resolução do mérito quanto ao pedido de XXXXX, Pronuncio a Prescrição Parcial e Julgo extinto com resolução do mérito pedidos com exigibilidade anterior a XXXXX, e no mérito propriamente dito julgo **IMPROCEDENTE** *o pedido, nos termos da fundamentação supra que passa a integrar este decisum.*

Custas de R$ 200,00, calculadas sobre o valor atribuído à causa de R$ 10.000,00, de acordo com o Art. 789, II, CLT, pelo Reclamante (ou pelo Reclamante, das quais fica isento em razão da gratuidade acima concedida).

Intimem-se (sentença proferida e publicada em audiência). Partes cientes do prazo recursal para os fins e efeitos da Súmula 197 do C. TST (no caso de marcação de leitura de sentença).

CAPÍTULO 4

QUESTÕES IMPORTANTES ADVINDAS COM A REFORMA TRABALHISTA

4.1 ESTIMATIVA DE VALOR DOS PEDIDOS E EXCEÇÕES

A Reforma Trabalhista alterou o parágrafo primeiro do artigo 840 da CLT e passou a determinar a apresentação de pedido certo com indicação do respectivo valor: "*sendo escrita, a reclamação deverá conter a designação do juízo, a qualificação das partes, a breve exposição dos fatos de que resulte o dissídio, o pedido, que deverá ser certo, determinado e com indicação de seu valor, a data e a assinatura do reclamante ou de seu representante.*" *Grifos nossos.*

Conforme entendimento amplamente majoritário no TST, os valores atribuídos aos pedidos são mera estimativa, não limitando, como regra, a condenação, e, consequentemente, a liquidação.

Assim, aos pedidos deve ser arbitrado um valor estimado para a condenação.

No entanto, para alguns pedidos não é possível, ou até mesmo viável, que se indique valor quando do ajuizamento da ação. E nesses casos a lei permite a formulação de pedido genérico, conforme autoriza o art. 324, § 1º, CLT, a saber: "É lícito, *porém, formular pedido genérico:*

> I - *Nas ações universais, se o autor não puder individuar os bens demandados;*
>
> II - *Quando não for possível determinar, desde logo, as consequências do ato ou do fato;*
>
> III - *Quando a determinação do objeto ou do valor da condenação depender de ato que deva ser praticado pelo réu.*

E é justamente o que acontece com pedidos de natureza declaratória, com aqueles que denotem obrigação de fazer, e também com aqueles que dependam de ato a ser praticado pelo Réu, como a penalidade prevista no art. 467, CLT, por exemplo. Nesse caso, não há como, no momento do ajuizamento da ação, o Autor ter ciência quais verbas serão controvertidas pela Reclamada em defesa, nem mesmo quais serão (e se serão) pagas em primeira audiência. Assim, a referida multa é típico caso de pedido ao qual, mesmo com natureza condenatória, não é necessária atribuição de valor, não sendo hipótese de defeito da petição inicial.

Contudo, há magistrados que têm o pensamento diverso. Entendem que a referida penalidade pode ser quantificada uma vez que envolve o pagamento das verbas resilitórias.

Outro exemplo é o de condenação em honorários advocatícios de sucumbência. Para esses também não há necessidade de indicação de valor, até porque tudo dependerá da sucumbência, o que apenas se saberá quando da prolação da sentença. Depende de ato futuro que não é de conhecimento do autor quando do ajuizamento da Reclamação Trabalhista.

4.2 PEDIDOS IMPLÍCITOS

Pedidos implícitos são aqueles que serão analisados e decididos em sentença mesmo que não constem expressamente da petição inicial, e podemos citar como exemplo os juros e correção monetária, e os honorários advocatícios.

4.3 HONORÁRIOS ADVOCATÍCIOS

Outra parcela que sofreu grande impacto com a Reforma Trabalhista foram os honorários advocatícios, pois antes a condenação dependia, em regra, de a parte autora estar assistida do sindicato de classe e comprovar a percepção de salário inferior ao dobro do salário mínimo, ou encontrar-se em situação econômica que não lhe permitisse demandar sem prejuízo do próprio sustento ou da respectiva família, não decorrendo pura e simplesmente da sucumbência.

Seguia-se, assim, o entendimento sumular 219 e 329, do TST, conforme abaixo:

Súmula nº 219 do TST: HONORÁRIOS ADVOCATÍCIOS. CABIMENTO **(alterada a redação do item I e acrescidos os itens IV a VI em decorrência do CPC de 2015)** – Res. 204/2016, DEJT divulgado em 17, 18 e 21.03.2016:

I - *Na Justiça do Trabalho, a condenação ao pagamento de honorários advocatícios não decorre pura e simplesmente da sucumbência, devendo a parte, concomitantemente: a) estar assistida por sindicato da categoria profissional; b) comprovar a percepção de salário inferior ao dobro do salário mínimo ou encontrar-se em situação econômica que não lhe permita demandar sem prejuízo do próprio sustento ou da respectiva família. (art. 14, § 1º, da Lei nº 5.584/1970). (ex-OJ nº 305da SBDI-I).*

II - *É cabível a condenação ao pagamento de honorários ad vocatícios em ação rescisória no processo trabalhista.*

III - São devidos os honorários advocatícios nas causas em que o ente sindical figure como substituto processual e nas lides que não derivem da relação de emprego.

IV - *Na ação rescisória e nas lides que não derivem de relação de emprego, a responsabilidade pelo pagamento dos honorários advocatícios da sucumbência submete-se à disciplina do Código de Processo Civil (arts. 85, 86, 87 e 90).*

V - *Em caso de assistência judiciária sindical ou de substituição processual sindical, excetuados os processos em que a Fazenda Pública for parte, os honorários advocatícios são devidos entre o mínimo de dez e o máximo de vinte por cento sobre o valor da condenação, do proveito econômico obtido ou, não sendo possível mensurá-lo, sobre o valor atualizado da causa (CPC de 2015, art. 85, § 2º).*

VI - *Nas causas em que a Fazenda Pública for parte, aplicar-se-ão os percentuais específicos de honorários advocatícios contemplados no Código de Processo Civil.*

SÚMULA Nº 329 DO TST: HONORÁRIOS ADVOCATÍCIOS. ART. 133 DA CF/1988 (mantida) – Res. 121/2003, DJ 19, 20 e 21.11.2003: Mesmo após a promulgação da CF/1988, permanece válido o entendimento consubstanciado na Súmula nº 219 do Tribunal Superior do Trabalho.

No entanto, com o advento da Reforma Trabalhista houve a alteração legislativa com inclusão do artigo 791-A e parágrafos na CLT, trazendo parâmetros e valores a serem considerados quando da condenação em honorários advocatícios de sucumbência. Dispõe o art. 791-A da CLT que "*Ao advogado, ainda que atue em causa própria, serão devidos honorários de sucumbência, fixados entre o mínimo de 5% (cinco por cento) e o máximo de 15% (quinze por cento) sobre o valor que resultar da liquidação da sentença, do proveito econômico obtido ou, não sendo possível mensurá-lo, sobre o valor atualizado da causa.*

§ 1º *Os honorários são devidos também nas ações contra a Fazenda Pública e nas ações em que a parte estiver assistida ou substituída pelo sindicato de sua categoria.*

§ 2º *Ao fixar os honorários, o juízo observará:*

I - *O grau de zelo do profissional;*

II - *O lugar de prestação do serviço;*

III - *A natureza e a importância da causa;*

IV - *O trabalho realizado pelo advogado e o tempo exigido para o seu serviço.*

§ 3º *Na hipótese de procedência parcial, o juízo arbitrará honorários de sucumbência recíproca, vedada a compensação entre os honorários.*

§ 4º *Vencido o beneficiário da justiça gratuita, desde que não tenha obtido em juízo, ainda que em outro processo, créditos capazes de suportar a despesa, as obrigações decorrentes de sua sucumbência ficarão sob condição suspensiva de exigibilidade e somente poderão ser executadas se, nos dois anos subsequentes ao trânsito em julgado da decisão que as certificou, o credor demonstrar que deixou de existir a situação de insuficiência de recursos que justificou a concessão de gratuidade, extinguindo-se, passado esse prazo, tais obrigações do beneficiário.* – Dispositivo declarado inconstitucional na ADI 5.766 – *grifos nossos.*

§ 5º *São devidos honorários de sucumbência na reconvenção.*

Aqui cabe ressaltar que o § 4º acima destacado foi tido como inconstitucional pelo E. STF, em decisão proferida na ADI 5.766. Portanto, caso a parte sucumbente seja beneficiária da Gratuidade de Justiça, quer autor ou réu, haverá condenação em honorários advocatícios de sucumbência, mas a parcela ficará em condição suspensiva de exigibilidade pelo prazo de 2 anos, na forma do Art. 791-A, § 4º, CLT.

4.4 GRATUIDADE DE JUSTIÇA

Antes da Reforma Trabalhista os requisitos que tinham que ser observados para a concessão do benefício da gratuidade de justiça eram: a) percepção pelo trabalhador do dobro do mínimo legal (entendido como miserabilidade jurídica presumida), b) ou receber valor maior, mas declarar sob as penas da lei a impossibilidade de custear o processo e arcar com os custos pessoais e/ou de sua família (redação anterior do Art. 790, § 3º, CLT).

Portanto, antes da reforma trabalhista, poderia haver a supressão da declaração mediante a mera informação de miserabilidade, pelo advogado na petição inicial e, a partir de 26.06.2017, desde que fosse detentor de poderes específicos para tanto na procuração.

A pessoa jurídica também poderia ser beneficiária da gratuidade, mas desde que comprovasse cabalmente a impossibilidade de arcar com as despesas do processo.

Esses dois últimos apontamentos na forma da Súmula 463, I e II, do TST, conforme abaixo transcrita:

Súmula nº 463 do TST

ASSISTÊNCIA JUDICIÁRIA GRATUITA. COMPROVAÇÃO (conversão da Orientação Jurisprudencial nº 304 da SBDI-1, com alterações decorrentes do CPC de 2015) – Res. 219/2017, DEJT divulgado em 28, 29 e 30.06.2017 – republicada – DEJT divulgado em 12, 13 e 14.07.2017

I - *A partir de 26.06.2017, para a concessão da assistência judiciária gratuita à pessoa natural, basta a declaração de hipossuficiência econômica firmada pela parte ou por seu advogado, desde que munido de procuração com poderes específicos para esse fim (art. 105 do CPC de 2015);*

II - *No caso de pessoa jurídica, não basta a mera declaração: é necessária a demonstração cabal de impossibilidade de a parte arcar com as despesas do processo.*

Por intermédio da Reforma Trabalhista houve alteração da redação dos parágrafos terceiro e quarto do artigo 790 da CLT. Assim, partir de 11/11/2017, quando ultrapassada a sua *vacatio legis,* não mais bastou haver a declaração de hipossuficiência econômica, sendo necessária a comprovação de recebimento de salário no valor de até 40% do teto do benefício do Regime Geral de Previdência Social, ou que a parte comprove insuficiência de recursos para o pagamento das custas do processo, conforme se vê abaixo:

É facultado aos juízes, órgãos julgadores e presidentes dos tribunais do trabalho de qualquer instância conceder, a requerimento ou de ofício, o benefício da justiça gratuita, inclusive quanto a traslados e instrumentos, àqueles que perceberem salário igual ou inferior a 40% (quarenta por cento) do limite máximo dos benefícios do Regime Geral de Previdência Social.

No entanto, recentemente, em Outubro de 2022, mais uma vez tivemos alteração de entendimento do TST (na Seção de Dissídios Individuais) quanto aos requisitos para concessão da gratuidade.

O Voto do Relator Ministro Lélio Bentes entende pela aplicação de presunção de veracidade da declaração de hipossuficiência formalizada pela pessoa natural, com amparo no Art. 99, § 3º, CPC.

Portanto, uma vez apresentada a referida declaração, deve ser deferido o benefício da gratuidade de justiça, independentemente do preenchimento dos requisitos do Art. 790, § 3º da CLT, competindo à Reclamada comprovar o não preenchimento desses requisitos, caso impugne o documento.

§ 4º O benefício da justiça gratuita será concedido à parte que comprovar insuficiência de recursos para o pagamento das custas do processo.

A partir daí foram trazidos novos critérios que merecem ser apreciados pelo candidato, na prova de sentença para concessão do benefício da gratuidade de justiça, sendo que, especialmente pela redação do parágrafo quarto, tanto a pessoa física, quanto a jurídica podem ser beneficiários da gratuidade.

Para as pessoas jurídicas, deverão comprovar (através de documentos como declaração de imposto de renda, balancetes da empresa, dentre outros) que não são possuidoras de condições para arcar com os custos do processo.

Portanto, somente após a análise dos elementos do processo, caso se entenda pelo deferimento, segue abaixo um modelo que pode ser utilizado:

DA GRATUIDADE DE JUSTIÇA

Após a edição da Lei nº 13.467/2017 (reforma trabalhista), para a concessão de gratuidade de justiça, não basta apenas a simples declaração de hipossuficiência econômica, sendo necessária, como regra, a comprovação de recebimento de salário cujo valor seja até 40% do teto do benefício do Regime Geral de Previdência Social.

No caso em comento, o salário indicado na exordial é inferior a 40% do teto do benefício do RGPS (OU o Autor está desemprego OU o valor recebido é superior, mas há comprovação de insuficiência de recursos para pagamento das custas do processo).

Assim, porque atendidos os requisitos fixados pelo § 3º (ou do § 4º, se for o caso) do art. 790 da CLT, defiro o requerimento de gratuidade de justiça ao Autor.

Caso seja apresentada a declaração de hipossuficiência com a petição inicial, sugerimos a seguinte redação.

DA GRATUIDADE DE JUSTIÇA

Após a edição da Lei nº 13.467/2017 (reforma trabalhista), para a concessão de gratuidade de justiça ao empregado, basta a juntada de declaração de hipossuficiência econômica (conforme decisão recente da SDI-1/ TST).

Como no caso em tela o Autor declarou sua hipossuficiência financeira, houve a juntada da respectiva declaração, e não foram produzidas provas que pudessem afastar o benefício perseguido em Juízo, **a concessão da justiça gratuita é medida que se impõe,** conforme inteligência do art. 790, § 4º da CLT. Defiro.

4.5 EXCEÇÃO DE INCOMPETÊNCIA EM RAZÃO DO LUGAR

No processo do trabalho, como regra, temos o ajuizamento da reclamação trabalhista no local da prestação de serviços do empregado, na forma do art. 651, *caput*, da CLT, com as exceções descritas nos parágrafos do mesmo artigo, conforme abaixo:

A competência das Juntas de Conciliação e Julgamento é determinada pela localidade onde o empregado, reclamante ou reclamado, prestar serviços ao empregador, ainda que tenha sido contratado noutro local ou no estrangeiro.

§ 1º - Quando for parte de dissídio agente ou viajante comercial, a competência será da Junta da localidade em que a empresa tenha agência ou filial e a esta o empregado esteja subordinado e, na falta, será competente a Junta da localização em que o empregado tenha domicílio ou a localidade mais próxima.

§ 2º - A competência das Juntas de Conciliação e Julgamento, estabelecida neste artigo, estende-se aos dissídios ocorridos em agência ou filial no estrangeiro, desde que o empregado seja brasileiro e não haja convenção internacional dispondo em contrário.

§ 3º - Em se tratando de empregador que promova realização de atividades fora do lugar do contrato de trabalho, é assegurado ao empregado apresentar reclamação no foro da celebração do contrato ou no da prestação dos respectivos serviços.

Caso o ajuizamento se dê em local diverso, e por se tratar de incompetência relativa e não absoluta, caberá à reclamada suscitar a incompetência do Juízo para análise e julgamento da ação, não podendo o Juízo suscitar de ofício.

E isso será realizado através da exceção de incompetência em razão do lugar, que inicialmente vinha como petição apartada da contestação, e depois passou a ser apresentada como preliminar de defesa, na forma do Código de Processo Civil.

No entanto, isso poderia gerar gastos desnecessários, especialmente com deslocamento de prepostos e/ou advogados para participação em audiência em juízo incompetente, em que esse acolheria a exceção e remeteria o processo ao juízo competente, na forma dos dispositivos acima transcritos.

Pensando nisso, o legislador trabalhista, quando da reforma trabalhista, modificou todo o rito de apresentação da exceção de incompetência em razão do lugar, na forma do Art. 800 da CLT.

Assim, para que se evitem deslocamentos e gastos desnecessários, conforme acima já ressaltado, a parte interessada, e sob pena de preclusão, tem o prazo de 5 dias (a partir da notificação inicial) para apresentar a exceção, e em peça apartada que sinalize sua apresentação.

Como isso deverá ser resolvido antes da audiência de instrução, entendemos que dificilmente o candidato terá que resolver essa exceção na prova, mas caso sim, por certo que deverá ser rejeitada.

Entendemos que provavelmente aparecerá na prova já resolvida e o candidato terá que manter a sua rejeição e/ou acolhimento, caso a decisão anterior tenha sido objeto de inconformismo por qualquer das partes.

4.6 NORMA COLETIVA E SUA NÃO ULTRATIVIDADE (CONSEQUÊNCIA PELA AUSÊNCIA DE JUNTADA DO DOCUMENTO)

Os direitos previstos em normas coletivas integram o contrato de trabalho e são de observância obrigatória pelas categorias subscritoras do respectivo instrumento. No entanto, como os acordos coletivos e convenções coletivas possuem prazo máximo de vigência de dois anos há que se perquirir qual o destino desses direitos após o decurso desse prazo.

Antes da Reforma Trabalhista, e por ausência de previsão legal específica, tínhamos alguns entendimentos acerca da integração dos direitos previstos em normas coletivas ao contrato de trabalho, mas após a alteração da redação da Súmula 277, C. TST passou-se a aplicar a Teoria da Ultratividade. Assim, os direitos previstos em norma coletiva integravam o contrato de trabalho não apenas pelo prazo do instrumento, mas até que sobreviesse nova norma, e a fim de que a categoria não ficasse desprotegida de normas coletivas.

Essa previsão durou bastante tempo até que tivemos a suspensão da redação da Súmula acima mencionada em decorrência de medida cautelar deferida nos autos da ADPF nº 323/DF, de relatoria do Ministro Gilmar Mendes.

No entanto, a visão mudou completamente a partir da Reforma Trabalhista, que expressamente proibiu a ultratividade das normas coletivas, conforme artigo 614, § 3º, CLT, *in verbis*: "*Não será permitido estipular duração de convenção coletiva ou acordo coletivo de trabalho superior a dois anos, sendo vedada a ultratividade*".

Desta forma, a partir da Reforma Trabalhista retomamos a aplicação da Teoria da Aderência dos direitos previstos em normas coletivas ao contrato de trabalho, conforme prazo de vigência da respectiva norma. Assim, por exemplo, um acordo coletivo que tenha prazo de vigência de janeiro de 2019 a janeiro de 2021 e que contenha previsão de pagamento de horas extras com adicional de 70%, terá eficácia nos contratos de trabalho da categoria profissional, enquanto durar o prazo acima destacado. Findo o período de vigência da norma, e, não sobrevindo novo instrumento em seguida, deixa de ter eficácia os direitos nela previstos, retomando-se a aplicação da legislação, com pagamento das horas extras com adicional de 50% (exceto se houver algum regulamento de empresa, ou previsão no contrato de trabalho, que seja mais favorável ao trabalhador).

Por conseguinte, e como cada norma coletiva terá seus direitos e esses aderirão ao contrato de trabalho durante prazo de vigência específico, é ônus da parte que pretende sua aplicação fazer a juntada do acordo coletivo ou convenção coletiva, sob pena de improcedência do pedido. Até porque o Juiz não é obrigado a conhecer os termos de cada norma coletiva.

É importante que os pedidos estejam embasados na norma coletiva anexada ao processo, e com prazo de vigência que abarque todo o contrato, ou ao menos o período desejado para deferimento.

4.7 AUSÊNCIA DA PARTE COM PRESENÇA DO ADVOGADO EM AUDIÊNCIA

No Processo do Trabalho também tivemos importante alteração legislativa quanto às consequências da ausência da parte à audiência inaugural, mas com presença de advogado portando defesa e documentos.

Até antes da Reforma Trabalhista, e a despeito de entendimentos em contrário, a aplicação majoritária era da revelia e consequente confissão quanto à matéria de fato, desconsiderando-se a defesa e documentos porventura apresentados.

No entanto, a Lei 13.467/2017 trouxe a seguinte alteração legislativa, com inclusão do parágrafo quinto no artigo 843 da CLT, *in verbis: "ainda que ausente o reclamado, presente o advogado na audiência, serão aceitos a contestação e os documentos eventualmente apresentados".*

Surgiram, então, dois entendimentos jurisprudenciais acerca do caso apresentado. Para uma corrente, aplica-se a revelia, pois no Processo do Trabalho ela ainda é caracterizada pela ausência da parte reclamada à audiência inaugural, mas afasta-se a confissão, já que houve a apresentação da defesa. Para a outra corrente, afasta-se a revelia e aplica-se a confissão (tal como ocorre no Processo Civil, tendo em vista a apresentação de defesa no processo).

4.8 TARIFAÇÃO DANO MORAL

A chamada tarifação do dano moral foi incluída na CLT pela Reforma Trabalhista e tem como consequência a limitação da atividade do julgador para fixação de valores de indenização, conforme seu entendimento aplicável a cada caso. Isso porque, agora compete ao Juízo apenas enquadrar a ofensa como de natureza leve, média, grave ou gravíssima (considerando os aspectos veiculados no Art. 223-G, CLT), e atrelar o valor da indenização aos parâmetros contidos no Art. 223-G, § 1º, também da CLT.

Seguem abaixo os dispositivos legais acima mencionados:

CLT, Art. 223-G. Ao apreciar o pedido, o juízo considerará

I - *A natureza do bem jurídico tutelado;*

II - *A intensidade do sofrimento ou da humilhação;*

III - *A possibilidade de superação física ou psicológica;*

IV - *Os reflexos pessoais e sociais da ação ou da omissão;*

V - *A extensão e a duração dos efeitos da ofensa;*

VI - *As condições em que ocorreu a ofensa ou o prejuízo moral;*

VII - *O grau de dolo ou culpa;*

VIII - *A ocorrência de retratação espontânea;*

IX - *O esforço efetivo para minimizar a ofensa;*

X - *O perdão, tácito ou expresso;*

XI - *A situação social e econômica das partes envolvidas;*

XII - *O grau de publicidade da ofensa.*

§ 1º *Se julgar procedente o pedido, o juízo fixará a indenização a ser paga, a cada um dos ofendidos, em um dos seguintes parâmetros, vedada a acumulação:*

I - *Ofensa de natureza leve, até três vezes o último salário contratual do ofendido;*

II - *Ofensa de natureza média, até cinco vezes o último salário contratual do ofendido;*

III - *Ofensa de natureza grave, até vinte vezes o último salário contratual do ofendido;*

IV - *Ofensa de natureza gravíssima, até cinquenta vezes o último salário contratual do ofendido.*

Muito se discute acerca da constitucionalidade do último dispositivo legal, tendo em vista a decisão do STF quando do julgamento de caso semelhante em que declarou a inconstitucionalidade da Lei de Imprensa, porque apresentava tarifação de valor de indenização por dano moral.

A questão ainda está pendente de decisão no STF, na Ação Direta de Inconstitucionalidade nº 6.069, de relatoria do ministro Gilmar Mendes, em face dos artigos 223-A e incisos I, II, III e IV do § 1º do artigo 223-G da CLT, na redação da Lei 13.467/2017.

Enquanto não temos decisão proferida da ADI acima, sugere-se a aplicação dos dispositivos da CLT sem suscitar de ofício qualquer inconstitucionalidade, pois assim vem julgando o TST em algumas oportunidades.

No entanto, no caso de uma prova é cabível o estudo de banca, especialmente porque muitos Tribunais Regionais do Trabalho vem decidindo de maneira diversa.

CAPÍTULO 5

EXEMPLOS E MODELOS DOS TÓPICOS MAIS COMUNS

Abaixo seguem sugestões de redação das preliminares, prejudiciais e alguns pedidos que surgem com maior frequência nas provas.

O candidato deve lembrar sempre que são apenas sugestões.

Uma dica importante é: sugere-se ao candidato que faça seus próprios modelos, e assim a redação será mais facilmente lembrada no momento do exercício e/ou da prova.

5.1 *DIREITO INTERTEMPORAL (CONSIDERANDO CONTRATOS DE TRABALHO FIRMADOS ANTES DO ADVENTO DA LEI 13.467/2017)*

As normas de direito material possuem aplicação imediata aos contratos de trabalho já firmados quando do advento da reforma trabalhista, pois que não se considera prejudicial a alteração advinda de lei. Assim, com relação ao direito material deve ser levada em consideração, a legislação vigente em cada época, respeitando-se o direito adquirido e o ato jurídico perfeito, na forma do art. 5º, XXXVI da CRFB.

Quanto ao direito processual, deve ser observada a legislação em vigor quando do ajuizamento da ação, por adoção da Teoria do Isolamento dos Atos Processuais.

A depender do entendimento adotado pela Banca do concurso, no caso de não aplicação da reforma trabalhista para contratos iniciados anteriormente ao advento da Lei 13.467/2017, sugerimos a seguinte redação:

Quanto ao direito processual deve-se levar em consideração a legislação em vigor quando do ajuizamento da ação, especialmente pela teoria do isolamento dos atos processuais.

Já quanto ao direito material, vige no ordenamento jurídico o princípio da irretroatividade da lei em respeito ao direito adquirido, na forma do Art. 5º, XXXVI da CRFB/88.

No Direito do Trabalho, a não aplicação da lei nova para contratos já em curso quando da vigência da reforma trabalhista (Lei 13.467/2017) baseia-se nos princípios da vedação ao retrocesso (Art. 5º, § 2º da CRFB/88) e da progressividade social (Art. 7º, *caput* da CRFB/88 e Art. 26 do Pacto San José da Costa Rica).

Assim, entendo que as alterações promovidas pela Lei 13.467/17 não se aplicam aos contratos em curso quando traduzirem redução ou supressão de direitos, devendo assim prevalecer as regras legais vigentes à época da contratação. Até porque a aplicação imediata da lei deve ocorrer apenas como mecanismo de acréscimo de direitos (Art. 5º, § 1º da CRFB/88).

5.2 PROTESTOS

Como os protestos são medidas saneadoras devem ser analisados, normalmente, na abertura da fundamentação, antes mesmo das preliminares.

Em regra, eles devem ser rejeitados, mantendo-se se a decisão tomada pelo Juízo em audiência. A seguir alguns exemplos:

» **DOS PROTESTOS PELO DEFERIMENTO DE OITIVA DE TESTEMUNHAS**

Tendo em vista a necessidade da oitiva testemunha indicada, na forma do art. 765, CLT, e para evitar alegação de cerceamento de defesa, mantenho a decisão e rejeito os protestos.

» **DOS PROTESTOS PELO NÃO ACOLHIMENTO DA CONTRADITA**

Como não há qualquer comprovação da alegada relação de amizade entre a testemunha e a parte Reclamada, ônus que seria da reclamante, mantenho o depoimento como testemunha, bem como o não acolhimento da contradita. Protestos rejeitados.

5.3 NULIDADE DE CITAÇÃO

Apesar de comprovado o não recebimento de citação pela Reclamada dentro do prazo legal, não há que falar em nulidade, pois a empresa compareceu espontaneamente, apresentou defesa e documentos, e produziu as provas que entendia necessárias.

Desta forma, não havendo prejuízo, por certo que também não há nulidade a ser declarada, na forma do Art. 794, CLT.

Assim, rejeito.

5.4 INÉPCIA

Aqui se sugere que o candidato inicie com um modelo genérico, e depois passe a apreciar cada ponto de inépcia que fora suscitado pelo réu, decidindo quanto ao seu acolhimento ou pela sua rejeição.

Ressalta-se que, como regra, as inépcias são rejeitadas em provas de sentença, mas claro que essa não é uma decisão fechada, pois cada prova e cada caso concreto devem ser analisados de maneira pormenorizada.

O mesmo vale para possíveis inépcias suscitadas de ofício. Como regra, sugere-se que sejam evitadas, pois, num situação prática, seria hipótese de concessão de prazo para apresentação de emenda à inicial, o que por certo não será possível ao candidato.

Inicialmente segue o modelo da parte genérica inicial:

> Não há que se falar em inépcia da petição inicial, uma vez que a mesma se encontra nos moldes determinados pelo art. 840, § 1º da CLT, não possuindo qualquer dos vícios descritos no Art. 330, *caput* e § 1º, CPC, de aplicação subsidiária ao Processo do Trabalho (Art. 769, CLT). Ademais, não houve óbice a apresentação da defesa, estando a inicial compreensível.

Após, seguem alguns exemplos específicos:

» **Ausência de indicação de valor da multa do Art. 467, CLT**

A ausência de indicação do valor para a multa acima mencionada não constitui incorreção da petição inicial, pois o montante a ser arbitrado depende de ato do Réu, que não é de conhecimento do Autor quando do ajuizamento a ação. Assim, apenas com a apresentação da defesa é que se terá conhecimento quanto a quais verbas foram controvertidas.

Desta forma, possível a realização de pedido genérico na forma do Art. 324, § 1º, III, CPC, de aplicação subsidiária autorizada pelo Art. 769, CLT.

Assim, rejeito a preliminar.

» **Ausência de apresentação de planilha de cálculos com a petição inicial**

A exigência contida no Art. 840, § 1º da CLT é de indicação de valores para os pedidos formulados, constituindo, conforme entendimento majoritário do TST, mera estimativa, e não havendo qualquer determinação legal de juntada de planilha de cálculos.

Portanto, não sendo necessária a apresentação de planilha, rejeito a preliminar.

» **Ausência de liquidação do pedido de honorários advocatícios**

Considerando que os honorários advocatícios constituem pedido implícito, que demandam apreciação do juízo ainda que não conste na petição inicial; considerando que a fixação do percentual depende da análise do Juízo quanto aos critérios descritos no Art. 791-A, § 2º, CLT; e considerando, ainda, que não há como se saber a extensão da sucumbência quando do ajuizamento da ação, por certo que desnecessária a apresentação de valor para o referido pedido.

Assim, rejeito.

5.5 INCOMPETÊNCIA ABSOLUTA

DA INCOMPETÊNCIA DA JUSTIÇA DO TRABALHO

Apesar de o pedido ter natureza civil, o mesmo foi formulado, tendo como base a relação de emprego havida entre o reclamante e a reclamada, o que, de acordo com o art. 114, CR/88, resta suficiente para atrair a competência desta Justiça Especializada.

Assim, rejeito a preliminar.

DA INCOMPETÊNCIA DA JUSTIÇA DO TRABALHO

A Justiça do Trabalho possui competência para determinar o recolhimento previdenciário decorrente da parte condenatória das decisões que proferir, mas não para determinar o recolhimento ou a comprovação do pagamento do tributo de INSS referente ao período do contrato de trabalho, conforme Art. 114, VIII, CRFB/88.

Assim, suscito a Incompetência da Justiça do Trabalho quanto ao pedido de item XX, motivo pelo qual EXTINGO O PROCESSO SEM RESOLUÇÃO DO MÉRITO, neste particular, conforme Art. 485, IV, CPC, de aplicação subsidiária autorizada pelo Art. 769, CLT.

5.6 ILEGITIMIDADE PASSIVA

DA ILEGITIMIDADE PASSIVA *AD CAUSAM*

O simples fato de a Reclamada ser apontada como devedora da relação jurídica de direito material, já a faz parte legítima para figurar no polo passivo da relação jurídica de direito processual, tendo em vista a utilização da Teoria da Asserção.

Assim, o fato de ser devedora ou não é caso a ser analisado no mérito, sendo hipótese de procedência ou improcedência.

Desta forma, rejeito a preliminar.

5.7 PRESCRIÇÃO E MODALIDADES

DA PRESCRIÇÃO BIENAL

Como a relação de emprego foi extinta em XXXXXX e a presente Reclamação Trabalhista foi ajuizada em XXXXXX, não há que se falar na ocorrência da prescrição bienal, uma vez que respeitado o prazo de dois anos para ajuizamento da ação após a extinção do contrato de trabalho.

Assim, rejeito a prejudicial.

DA PRESCRIÇÃO TOTAL

Afirma a Reclamada que há a incidência da prescrição total no caso em tela, uma vez que o ato redutor derivou de ato único e positivo do empregador e que este se deu há mais de cinco anos, mais precisamente em XXXX.

Ocorre que a Súmula 294, C. TST pugna pela não incidência dessa prescrição quando a parcela está prevista em lei, e ainda quando há repercussão salarial mês a mês, ou seja, lesão diferida no tempo. Observe-se, ainda, a redação do Art. 11, § 2º, CLT.

No caso ora analisado XXX.

Assim, porque preenchidos os requisitos acima, rejeito a prejudicial de prescrição total.

DA PRESCRIÇÃO QUINQUENAL (modelo para acolher)

Tendo em vista o ajuizamento da presente Reclamação em XXXXXX (colocar a data de ajuizamento da ação), acolho a arguição para declarar a inexigibilidade das pretensões porventura deferidas nesta sentença anteriores a XXXXXX, de acordo com o art. 7º, XXIX, CRFB/88 c/c art. 11 da CLT.

DA PRESCRIÇÃO QUINQUENAL (modelo para rejeitar)

Não há que se falar em prescrição quinquenal, uma vez que a Reclamação Trabalhista foi ajuizada em XXXXX (data de ajuizamento) e o contrato iniciado em XXXXX, não havendo, assim, período de tempo suficiente para a incidência da alegada prescrição.

Assim, rejeito a prejudicial.

5.8 RECONHECIMENTO DE VÍNCULO

Quando o pedido for de reconhecimento de vínculo de emprego recomenda-se iniciar com as alegações das partes (de forma breve, e dando especial atenção às da reclamada), a fim de que seja fixado o ônus da prova.

DO VÍNCULO DE EMPREGO E DOS DIREITOS DECORRENTES

Alega o Reclamante que foi contratado para exercer a função de pedreiro, e que, apesar de preenchidos os requisitos do Art. 3º da CLT, não teve sua CTPS devidamente anotada.

A Reclamada, por sua vez, informa que o Autor prestou serviços como autônomo, pois não havia comparecimento habitual, o que caracteriza trabalho meramente eventual.

Assim, como a Reclamada confirma a prestação de serviços do Autor, mas imputa fato impeditivo de seu direito, é dela *o ônus de comprovar suas alegações, nos termos do Art. 818, II, CLT. No caso, a reclamada* não conseguiu *se desincumbir de seu encargo probatório, pois as provas produzidas demonstram que...*

OU

Alega o Reclamante que foi contratado para exercer a função de pedreiro, e que, apesar de preenchidos os requisitos do art. 3º da CLT, não teve sua CTPS devidamente anotada.

A Reclamada, por sua vez, informa que o Autor nunca lhe qualquer prestou serviços.

Assim, como a Reclamada imputa mera negativa ao fato constitutivo do direito do Autor, acaba sendo dele o ônus de comprovar suas alegações, nos termos do art. 818, I, CLT. No caso, o Reclamante conseguiu se desincumbir de seu encargo probatório, pois as provas produzidas demonstram que...

*Como decorrência, **DECLARO A EXISTÊNCIA DE VÍNCULO DE EMPREGO ENTRE AS PARTES**, cabendo à Reclamada proceder à assinatura da CTPS do Reclamante entre o **período de XXXX a XXXX**, na função de **XXXX**, e com remuneração de **XXXX**.*

5.9 MODALIDADE DE DISPENSA

DA MODALIDADE DE DISPENSA E DOS DIREITOS DECORRENTES (alegação de justa causa)

*Argui a Reclamada a justa causa como forma de extinção do contrato de trabalho, e sob a modalidade de **XXXX**, nos termos do art. 482, XX, CLT. Assim, como imputa fato impeditivo do direito do Reclamante, acaba a Reclamada por atrair o ônus de comprovar suas alegações, nos termos do art. 818, II, CLT.*

Portanto, a Reclamada não conseguiu *se desincumbir de seu encargo probatório, pois não comprovou os fatos narrados na defesa, senão vejamos.*

XXXX (adequar sempre ao caso concreto trazido na prova e ficar atento às provas produzidas)

Assim, afasto a aplicação de justa causa, converto a dispensa em injusta e julgo procedente, nos limites do pedido, para condenar a reclamada ao pagamento de dez dias de saldo de salário, 35 dias de aviso prévio, férias simples relativas ao período aquisitivo de 2017/2018 e proporcionais ambas acrescidas de 1/3, 13º salários integrais de 2017 e 2018 e 5/12 de proporcionais, bem como determino que a Reclamada entregue a documentação necessária para saque do FGTS (ficando responsável pela integralidade dos depósitos e competente acréscimo da indenização compensatória de 40%) e recebimento do seguro desemprego.

As verbas devidas em uma rescisão indireta são as mesmas de uma dispensa sem justa causa. O que difere é a fixação do último dia do contrato.

Nesse caso, se o empregado continuou trabalhando no curso do processo e teve a rescisão indireta julgada improcedente, em nada afetará seu contrato de trabalho, cabendo a ele a continuidade da prestação de serviços.

No entanto, se continuou trabalhando e o pedido foi julgado procedente, a orientação é fixar como último dia trabalhado, a data da leitura de sentença (ou da publicação) e incluir o prazo do aviso prévio, conforme o período de vigência do contrato de trabalho.

No entanto, se o empregado optou por paralisar os serviços quando do ajuizamento da ação e o pedido foi julgado procedente, basta apontar o último dia laborado, incluir o período do aviso prévio e fixar em sentença.

Na hipótese de o empregado paralisar os serviços quando do ajuizamento da ação, e o pedido ser julgado improcedente, basta utilizar o último dia laborado (e nesse caso, como regra, converter a rescisão em pedido de demissão, deferindo as verbas decorrentes).

OU

E a Reclamada conseguiu se desincumbir de seu encargo probatório, pois comprovou os fatos narrados na defesa, senão vejamos.

XXXX (adequar sempre ao caso concreto trazido na prova e ficar atento às provas produzidas)

Assim, confirmo a aplicação de justa causa como forma de extinção do contrato, motivo pelo qual julgo improcedente os pedidos de aviso prévio, férias proporcionais acrescidas de 1/3, 13º salários proporcionais, e entrega da documentação necessária para saque do FGTS (incluindo a indenização compensatória de 40%) e recebimento do seguro desemprego.

Lembre-se que na justa causa são devidos o saldo de salário (se for caso), bem como férias vencidas com 1/3 e 13º salário integral, se ainda não foram quitados na época própria.

O CANDIDATO DEVE SEMPRE FICAR ATENTO AOS PEDIDOS FORMULADOS PARA CADA HIPÓTESE DE DISPENSA.

DA MODALIDADE DE DISPENSA E DOS DIREITOS DECORRENTES (alegação de pedido de demissão)

Afirma a Reclamada que válido o pedido de demissão formulado pelo Reclamante (conforme o documento anexado com a contestação), tendo este alegado a ocorrência de coação. Assim, como a Reclamada juntou o pedido de demissão devidamente preenchido (e assinado) pelo empregado, cabe ao Reclamante comprovar a existência do alegado vício de consentimento, nos termos do Art. 818, I, CLT,

E o Reclamante não consegue se desincumbir de seu encargo probatório, pois *XXXX.*

Assim, não havendo comprovação do alegado vício, tenho como válido o pedido de demissão, motivo pelo qual julgo improcedente o pedido de declaração de sua nulidade. Em decorrência, improcedem os pedidos de pagamento de aviso prévio (e sua projeção nas demais verbas requeridas), entrega de documentação para liberação do FGTS (inclusive da indenização compensatória de 40%) e para recebimento do seguro desemprego.

Caso haja pedido, e se ainda não tiverem sido quitados, cabe no pedido de demissão o saldo de salário, férias integrais e proporcionais com 1/3, 13º salários integrais e proporcionais.

DA MODALIDADE DE DISPENSA E DOS DIREITOS DECORRENTES (alegação de pedido de demissão / outra fixação de ônus da prova)

Afirma a Reclamada que o Reclamante não faz jus às verbas requeridas na petição inicial, pois, em verdade, pediu demissão.

Assim, como a Reclamada alega fato modificativo do direito Autoral, e não faz a juntada do pedido de demissão, atrai o ônus de comprovar suas alegações, nos termos do Art. 818, II, CLT.

E o Reclamada não consegue se desincumbir de seu encargo probatório, pois XXXX.

Assim, não havendo comprovação do pedido de demissão, tenho a dispensa como injusta. Em decorrência, julgo procedente, nos limites do pedido, o pagamento de saldo de salário, aviso prévio, férias simples e proporcionais ambas acrescidas de 1/3, 13º salários integrais e proporcionais, bem como determino que a Reclamada entregue a documentação necessária para saque do FGTS (ficando responsável pela integralidade dos depósitos e competente acréscimo da indenização compensatória de 40%) e recebimento do seguro desemprego.

5.10 VERBAS DECORRENTES E MULTAS

No item 5.9 já apresentamos as verbas devidas no caso de extinção do contrato sem justa causa (e rescisão indireta), com justa causa e no pedido de demissão.

Cabe, ainda, mencionar algumas hipóteses de extinção contratual:

MORTE DO EMPREGADO

No caso de morte do trabalhador temos a imediata extinção do contrato de trabalho, já que a relação de emprego é *intuitu personae* com relação à figura do empregado.

Assim, cabe ao empregador efetuar o pagamento de saldo de salário (se for o caso), férias vencidas, simples ou em dobro, e proporcionais ambas acrescidas de 1/3, 13º salários, bem como propiciar o levantamento do FGTS.

As verbas acima devem ser pagas aos dependentes habilitados junto à Previdência Social (ou seja, a quem estiver habilitado a receber a pensão por morte), e, na falta desses, conforme a ordem dos sucessores no Código Civil, tudo na forma do art. 1º, Lei 6.858/80: "*os valores devidos pelos empregadores aos empregados e os montantes das contas individuais do Fundo de Garantia do Tempo de Serviço e do Fundo de Participação PIS-PASEP, não recebidos em vida pelos respectivos titulares, serão pagos, em quotas iguais, aos dependentes habilitados perante a Previdência Social ou na forma da legislação específica dos servidores civis e militares, e, na sua falta, aos sucessores previstos na lei civil, indicados em alvará judicial, independentemente de inventário ou arrolamento.*

Nesta forma de encerramento contratual não são devidos o aviso prévio e a indenização compensatória de 40%.

EXTINÇÃO POR COMUM ACORDO

Na extinção por comum acordo, modalidade de extinção contratual surgida com a Reforma Trabalhista, temos que o trabalhador tem direito a receber algumas verbas rescisórias pela metade, e outras na sua integralidade, conforme art. 484-A e seus parágrafos da CLT.

Além disso, há direito de saque do FGTS, mas com movimentação de até 80% do montante depositado, e não tem direito ao seguro desemprego, consoante previsão do art. 484-A da CLT:

O contrato de trabalho poderá ser extinto por acordo entre empregado e empregador, caso em que serão devidas as seguintes verbas trabalhistas:

I - *Por metade:*

a) *O aviso prévio, se indenizado; e*

b) *A indenização sobre o saldo do Fundo de Garantia do Tempo de Serviço, prevista no* § 1º do art. 18 da Lei nº 8.036, de 11 de maio de 1990*;*

II - *Na integralidade, as demais verbas trabalhistas.*

§ 1º *A extinção do contrato prevista no caput* deste artigo permite a movimentação da conta vinculada do trabalhador no Fundo de Garantia do Tempo de Serviço na forma do inciso I-A do art. 20 da Lei nº 8.036, de 11 de maio de 1990, limitada até 80% (oitenta por cento) do valor dos depósitos.

§ 2º *A extinção do contrato por acordo prevista no caput* deste artigo não autoriza o ingresso no Programa de Seguro-Desemprego.

DAS MULTAS

As multas mais comuns são aquelas presentes nos Arts. 467 e 477, § 8º da CLT.

A multa do Art. 467 da CLT é devida quando as verbas rescisórias incontroversas não são quitadas na primeira oportunidade de comparecimento em juízo pela Reclamada (em regra, a primeira audiência).

Vamos aos exemplos:

» Quando não há verbas rescisórias incontroversas

Tendo em vista que sobre todos os pedidos de verbas rescisórias pesava controvérsia, improcede o pedido de pagamento da multa do art. 467, CLT.

» Quando há verbas rescisórias incontroversas, mas não pagas em primeira audiência

Ante os termos do art. 467 da CLT, procede o pedido de pagamento da penalidade ali prevista a incidir sobre: XXX (observe que apenas as verbas rescisórias sofrem a incidência dessa multa. Então, há que se observar se restaram controvertidas ou não as parcelas de saldo de salário, aviso prévio, férias com 1/3, 13º salários e indenização compensatória de 40% sobre o FGTS).

Já a multa do Art. 477, § 8º da CLT incide na hipótese de atraso (quando extrapolado o prazo de 10 dias a partir do término do contrato de trabalho, na forma do § 6º do Art. 477, CLT) ou não pagamento das verbas rescisórias, bem como para a entrega ao trabalhador dos documentos necessários à comunicação da extinção contratual aos órgãos competentes.

A excludente de pagamento ocorre quando do trabalhador foi o causador da mora, e isso constitui ônus do empregador.

Vamos aos exemplos:

Como a reclamada não comprou o pagamento das verbas rescisórias dentro do prazo estabelecido em lei, ônus que lhe competia, julgo procedente o pedido de pagamento da multa prevista no § 8º do art. 477 da CLT.

OU

O documento de fls. XXX demonstra que o pagamento das verbas rescisórias foi realizado fora do decêndio legal, previsto no § 8º do art. 477 da CL. Desta forma, julgo procedente o pedido de pagamento da multa prevista no § 8º do art. 477 da CLT.

OU

A Reclamada comprovou através do documento de fl. XXX que o atraso no pagamento das verbas rescisórias ocorreu por culpa do trabalhador. Improcede o pedido.

A multa é devida ainda que o vínculo de emprego seja reconhecido em Juízo e também na hipótese de conversão de justa causa em dispensa injusta (sendo esse último o entendimento aplicável pelo C. TST, conforme Súmula 462).

SÚMULA Nº 462 DO TST

MULTA DO ART. 477, § 8º, DA CLT. INCIDÊNCIA. RECONHECIMENTO JUDICIAL DA RELAÇÃO DE EMPREGO (*Republicada em razão de erro material) – DEJT divulgado em 30.06.2016*

A circunstância de a relação de emprego ter sido reconhecida apenas em juízo não tem o condão de afastar a incidência da multa prevista no art. 477, § 8º, da CLT. A referida multa não será devida apenas quando, comprovadamente, o empregado der causa à mora no pagamento das verbas rescisórias.

5.11 JORNADA DE TRABALHO – HORAS EXTRAS E INTERVALOS

Quando do julgamento dos pedidos de horas extras/adicional noturno/intervalos intrajornada e interjornada devemos analisar a juntada ou não dos controles de frequência (conforme número de empregados no estabelecimento), se os referidos controles possuem marcação britânica ou não, se foram ou não impugnados pelo Reclamante, fixar o ônus da prova, bem como a jornada de trabalho (atentem-se aos exercícios constantes no item 7 deste livro). Em seguida parte-se para o julgamento.

DAS HORAS EXTRAORDINÁRIAS

Julgo procedente o pedido de pagamento das horas extras trabalhadas, sendo estas as que ultrapassarem a oitava diária ou a quadragésima quarta semanal, ressaltando que as levadas em conta na primeira contagem não devem o ser para fins do módulo semanal, sob pena de *bis in idem*, com acréscimo de 50% (***ou outro adicional aplicável***), de acordo com a jornada acima fixada, e sua projeção em RSR, aviso prévio, férias acrescidas de 1/3, 13º salários e FGTS acrescido da indenização compensatória de 40%.

Quando do pagamento devem ser levados em consideração os seguintes parâmetros: evolução salarial do Reclamante, divisor 220 ***(ou outro divisor a depender da jornada aplicável)***, exclusão das parcelas que não possuam caráter salarial, exclusão dos dias não laborados e aplicação dos adicionais legais.

DAS HORAS EXTRAORDINÁRIAS (no caso de cartão de ponto com marcação britânica)

A Reclamada ao alegar uma jornada de trabalho diversa da exposta na petição inicial atraiu para si o ônus de comprová-la, ainda mais quando esta é uma jornada tida como britânica, uma vez que em todo período de contrato o reclamante praticamente não teve variação de chegada ou saída.

Assim é da reclamada o ônus de comprovar suas alegações, nos termos do art. 818, II, CLT e Súmula 338, III, TST.

DAS HORAS EXTRAORDINÁRIAS (quando o estabelecimento possui mais de 20 empregados e a Reclamada não junta os controles de ponto)

A reclamada ao não juntar os controles de pontos do Reclamante aos autos, e não apresentar qualquer justificativa para tanto, atraiu para si o ônus de comprovar a jornada descrita na defesa, na forma da Súmula 338, I, C. TST.

DO ADICIONAL NOTURNO

Julgo procedente o pedido de pagamento de adicional noturno, no montante de 20% ***(ou outro adicional incidente)*** sobre as horas laboradas a partir das 22h00, nos termos do art. 73 e seu § 2º, CLT, de acordo com a jornada acima fixada, e sua projeção em RSR, aviso prévio, férias acrescidas de 1/3, 13º salários e FGTS acrescido da indenização compensatória de 40%.

DO INTERVALO INTRAJORNADA

Aqui cabe uma ressalva antes da apresentação da sugestão do modelo.

Até o advento da Reforma Trabalhista a supressão total ou parcial do intervalo intrajornada implicava no pagamento do montante integral do período e com natureza salarial na forma de horas extraordinárias, conforme orientação contida na Súmula 437, I e II do C. TST.

SÚMULA Nº 437 DO TST

INTERVALO INTRAJORNADA PARA REPOUSO E ALIMENTAÇÃO. APLICAÇÃO DO ART. 71 DA CLT (conversão das Orientações Jurisprudenciais nºs 307, 342, 354, 380 e 381 da SBDI-1 – Res. 185/2012, DEJT divulgado em 25, 26 e 27.09.2012

I - Após a edição da Lei nº 8.923/94, a *não-concessão* ou a concessão parcial do intervalo intrajornada mínimo, para repouso e alimentação, a empregados urbanos e rurais, implica o pagamento total do período correspondente, e não apenas daquele suprimido, com acréscimo de, no mínimo, 50% sobre o valor da remuneração da hora normal de trabalho *(art. 71 da CLT), sem prejuízo do cômputo da efetiva jornada de labor para efeito de remuneração.*

II - *Possui natureza salarial a parcela prevista no art. 71, § 4º, da CLT, com redação introduzida pela Lei nº 8.923, de 27 de julho de 1994, quando não concedido ou reduzido pelo empregador o intervalo mínimo intrajornada para repouso e alimentação, repercutindo, assim, no cálculo de outras parcelas salariais.*

Com a Reforma Trabalhista o entendimento acima restou superado, pois houve a total modificação desse panorama com a previsão legal de pagamento apenas do período suprimido e com natureza indenizatória (Art. 71,§ 4º, CLT), o que implica na ausência de reflexos nas demais verbas contratuais e rescisórias, *in verbis:* "*a* não concessão ou a concessão parcial do intervalo intrajornada mínimo, para repouso e alimentação, a empregados urbanos e rurais, implica o pagamento, de natureza indenizatória, apenas do período suprimido, com acréscimo de 50% (cinquenta por cento) sobre o valor da remuneração da hora normal de trabalho".

Portanto, deve ser observado na prova se o contrato de trabalho iniciou-se antes do advento da Reforma Trabalhista, mas foi encerrado após, devendo ser julgado cada período conforme a legislação em vigor.

Vamos a um exemplo:

- Tendo em vista que, após o advento da Lei nº 13.467/2017 (reforma trabalhista), a não concessão do intervalo intrajornada implica pagamento de cunho indenizatório apenas do período de pausa suprimido (art. 71, § 4º, CLT) e porque a referida lei vigeu durante parte do vínculo em análise (a partir de 11/11/2017), decido:
- De XXXX (data de admissão, e considerando possível período já prescrito) até 10/11/2017, deferir 01 hora extra pela supressão do intervalo intrajornada, acrescida do adicional de 50% (ou outro adicional aplicável) (nos moldes da Súmula 437, I, do C. TST, sem qualquer dedução dos minutos usufruídos, pois o intervalo não atingiu o objetivo de descanso).
- Em decorrência, julgo procedente o pedido de projeção das horas extras em RSR, 13º salários, férias acrescidas de 1/3 e FGTS do período acrescido de 40%.
- Incabível a projeção em aviso prévio, pois o período fixado acima não é contemporâneo ao término contratual.
- De 11/11/2017 (após a edição da Lei 13.467/2017) até XXX (data da extinção do contrato de trabalho) julgo procedente

o pedido de pagamento da indenização substitutiva do intervalo intrajornada suprimido, ou seja, XX minutos (a depender da jornada fixada) com acréscimo de 50%, conforme art. 71, § 4º da CLT.

- Julgo improcedente o pedido de reflexos, face à natureza indenizatória atribuída à parcela (art. 71, § 4º, CLT).

DO INTERVALO INTERJORNADA

Como a jornada laborada (e acima fixada) não respeitava o intervalo mínimo de descanso entre os dias de trabalho, na forma do Art. 66, CLT, julgo procedente o pedido de pagamento pelo intervalo interjornada não usufruído no montante de XX horas por dia, com adicional de 50%. (ou outro adicional aplicável). Em decorrência, julgo procedente o pedido de pagamento dos reflexos no repouso semanal remunerado, aviso prévio, 13º salários, férias acrescidas de 1/3 e FGTS acrescido da indenização compensatória de 40%.

Registro que as projeções acima delineadas dependerão sempre da modalidade de extinção contratual.

5.12 EQUIPARAÇÃO SALARIAL

Quando do julgamento do pedido de equiparação salarial inicialmente devem ser colocadas as alegações das partes (de forma direta e específica), a fim de possibilitar a fixação do ônus da prova (sabendo-se que competirá ao Reclamante comprovar a identidade de funções com o paradigma – fato constitutivo de seu direito – e competirá à reclamada a comprovação dos demais requisitos constantes do art. 461 e parágrafos da CLT, pois constituem fatos impeditivos do direito do Autor).

Em seguida, as provas produzidas devem ser analisadas, e, se for o caso, deferido o pedido de equiparação salarial, e as diferenças salariais entre reclamante e paradigma.

O candidato deve observar a questão temporal e novos requisitos advindos com a Reforma Trabalhista.

DA EQUIPARAÇÃO SALARIAL

A parte autora postula o reconhecimento de equiparação salarial ao paradigma XXXX, alegando a satisfação dos pressupostos elencados no art. 461 da CLT.

A Reclamada defende-se afirmando que Reclamante e paradigma exerciam atividades distintas e que o paradigma XXXXX.

Pois bem. A distribuição do ônus da prova quanto à equiparação salarial atribui ao Reclamante, inicialmente, a comprovação da identidade de funções (art. 818, I, da CLT), após o que, o encargo probatório passa ao empregador no que tange aos fatos impeditivos, extintivos e modificativos por ele arguidos (art. 818, II, da CLT).

No caso, a prova oral produzida pelo Autor confirmou a identidade de funções entre paradigma e Reclamante, senão vejamos XXXX.

Não tendo a Reclamada comprovado diferença de produtividade ou perfeição técnica (tampouco o alegado tempo de diferença na função, bem como os demais fatos alegados na defesa) – ônus que lhe incumbia – a procedência do pedido é medida que se impõe.

Diante do exposto e porque presentes os requisitos do art. 461 da CLT, julgo procedente o pedido de equiparação salarial e concedo as diferenças salariais mensais almejadas em relação ao paradigma XXXX no período de XXX a XXX.

Em decorrência, julgo procedente o pedido de projeção desta diferença salarial em: aviso prévio, 13º salários, férias acrescidas de 1/3 e FGTS acrescido da indenização compensatória de 40%

(essas projeções sempre levarão em consideração a modalidade de rescisão contratual).

5.13 TERCEIRIZAÇÃO E RESPONSABILIDADE SUBSIDIÁRIA

Quando do julgamento de terceirização e a responsabilidade do tomador de serviços devemos atentar para as diferenças a depender da natureza do tomador, se empresa privada ou ente de Administração Pública. Quanto a esse último, e a despeito do entendimento do E. STF quanto à distribuição do ônus da prova, cabe ressaltar que até o momento o TST, em sua maioria, vem entendendo que é do membro da Administração Pública o ônus de comprovar a devida fiscalização do contrato.

Abaixo alguns exemplos:

DA RESPONSABILIDADE SUBSIDIÁRIA – tomador de serviços empresa privada

Em defesa, o Segundo Réu não nega a prestação de serviços, mas afirma que o Reclamante não fez qualquer prova de que tal prestação se dava com exclusividade.

Cabe ressaltar que a partir do momento em que a Segunda Reclamada confirma a prestação de serviços do Autor, bem como a existência do contrato de prestação de serviços formalizado com a Primeira Ré, daquela o ônus de comprovar ou que o Reclamante não lhe prestou serviços diretamente *(já que incontroverso o fato de o mesmo ter sido empregado da Primeira Reclamada), ou que sua prestação de serviços* não se dava de forma exclusiva.

Como isto não ficou comprovado, tenho a Segunda Reclamada como tomadora de serviços do Reclamante, já que enquadrado na hipótese de terceirização de seus serviços e através da Primeira Ré.

Evidenciado o descumprimento de obrigações por parte da contratada (Primeira Reclamada), como os créditos trabalhistas deferidos nesta decisão, impõe-se a responsabilização subsidiária da contratante (Segunda Reclamada), como decorrência de ter se despido de seu dever principal, que seria a contratação direta com vínculo de emprego, passando a contratar por firma interposta. Torna-se, assim, vulnerável a responder pelas verbas que a devedora principal não arcar.

Ressalto que a responsabilidade ora tratada tem por fundamento o risco gerado pela terceirização, sobrevindo da circunstância de alguém se beneficiar da prestação de um serviço, mas não se responsabilizar pelos respectivos encargos trabalhistas.

Nesse sentido, não se pode desconsiderar que, para o trabalhador terceirizado, muitas das alterações trazidas pela Lei nº 13.429/2017 denotam garantias e melhorias, como quando definem as responsabilidades do tomador, ainda que na repetição do que contido na Súmula 331, IV, TST.

Assim, em virtude do contrato acima mencionado, tenho a Segunda Reclamada como contratante dos serviços do Reclamante, já que enquadrada na hipótese de terceirização de seus serviços e através da Primeira Reclamada, com a responsabilidade prevista no Art. 5º-A, § 5º, da Lei nº 6.019/1974:

"*§ 5º* A empresa contratante é subsidiariamente responsável pelas obrigações trabalhistas referentes ao período em que ocorrer a prestação de serviços, e o recolhimento das contribuições previdenciárias observará o disposto no *art. 31 da Lei nº 8.212, de 24 de julho de 1991*".

Note-se que o respectivo § 5º, do Art. 5º-A, com igual correspondência no acrescido parágrafo 7º do artigo 10, acabou por regular o que antes estava contido na Súmula 331/TST quanto ao grau de responsabilidade do tomador dos serviços terceirizados, inclusive quanto à delimitação do período em relação ao qual foram prestados os serviços intermediados.

Desta forma, como se percebe pela condenação acima deferida, a Primeira Reclamada não pagou corretamente o *Reclamante, e, sendo assim, julgo procedente o pedido para condenar a segunda Reclamada, de forma subsidiária, na forma do § 5º, do art. 5º-A, da Lei nº 6.019/1974 e da Súmula 331, IV, C. TST, pelos créditos trabalhistas reconhecidos nesta decisão.*

Quanto à delimitação temporal deve-se verificar que a prestação de serviços do Autor a favor da Segunda Reclamada se deu no período de XXX a XXX, período esse referente à responsabilidade subsidiária da empresa.

Não há verbas de caráter personalíssimo da Primeira Ré ***OU*** *excluam-se da presente condenação as obrigações de caráter personalíssimo da empregadora, quais sejam: anotação na CTPS / entrega de guias etc.* – verificar o caso concreto e adaptar o modelo.

DA RESPONSABILIDADE SUBSIDIÁRIA – tomador de serviços ente da Administração Pública

Alega a parte autora que, embora contratada pela Primeira Reclamada, sempre trabalhou em favor da Segunda Reclamada.

Cabe ressaltar que a partir do momento em que a Segunda Reclamada confirma a existência de contrato de prestação de serviços formalizado com a Primeira Ré, inclusive não nega que o Reclamante tenha lhe prestado serviços diretamente, é da Segunda Ré o ônus comprovar que houve o correto pagamento de todas as verbas.

Observe-se que o dever de o ente público adotar medidas que garantam a escolha de empresa idônea e capaz de executar o objeto do contrato administrativo decorre da necessária observância ao procedimento licitatório por parte da Administração Pública. Além disso, o ente público possui o dever, como tomador de serviços, de fiscalizar o cumprimento pela empresa prestadora das obrigações trabalhistas atinentes aos empregados desta que prestaram o respectivo serviço.

Nesse sentido, bem como considerando que tais deveres integram a formação/execução do contrato administrativo e que visam proteger o trabalhador terceirizado, e tendo em vista que a Primeira Ré não cumpriu com suas obrigações trabalhistas, deve a Segunda Ré responder subsidiariamente pelas verbas fixadas nesta condenação.

Ainda, no que toca à decisão adotada pelo STF, com repercussão geral reconhecida, no Recurso Extraordinário nº 760.931, em 26.04.2017, que discutia a responsabilidade subsidiária da Administração Pública por encargos trabalhistas gerados pelo inadimplemento de empresa terceirizada, confirmou-se ali o posicionamento já adotado na ADC nº 16, que reconheceu a constitucionalidade do parágrafo 1º do art. 71 da Lei 8.666/93. Ou seja, firmou-se entendimento para impedir a responsabilização automática da Administração Pública, só cabendo sua condenação se houver a prova cabal de sua conduta omissa ou comissiva na fiscalização dos contratos – o que foi comprovado no caso dos autos face à omissão no dever de fiscalizar.

Note-se que a responsabilidade subsidiária deferida leva em consideração a redação da Súmula 331, V, TST, visto que a Segunda Reclamada se beneficiou da mão de obra do Reclamante, atuando, assim, com culpa *in eligendo* e culpa *in vigilando* – quando da contratação de empresa inidônea e sem capacidade de pagamento correto e adequado de seus empregados.

Ainda, em uma interpretação sistêmica com relação ao Poder Público, a Lei nº 6.019/74, com a redação dada pela Lei nº 13.429/2017, acabou por soterrar as discussões acerca da constitucionalidade do verbete sumular, uma vez que manteve o que já disciplinava a Súmula 331/TST, reafirmando a responsabilidade subsidiária da empresa contratante (tomadora dos serviços).

Ademais, o § 5º, Art. 5º-A, com igual correspondência no acrescido § 7º do artigo 10 da Lei nº 6.019/1974, dispõe expressamente quanto ao grau de responsabilidade do tomador dos serviços terceirizados, inclusive quanto à delimitação do período em relação da prestação do serviço.

Assim, tendo a Segunda Reclamada se despido de seu dever principal, que seria a contratação direta com vínculo de emprego, passando a contratar por firma interposta, torna-se vulnerável a responder pelas verbas que esta não arcar, visto que deveria ter fiscalizado e eleito uma empresa capaz de pagar todos os seus empregados, sob pena de responder de maneira subsidiária.

No que toca à prova do cumprimento do dever de fiscalizar, a distribuição de seu ônus "segue a regra ordinária de aptidão para a prova e vedação da exigência de prova chamada 'diabólica', assim considerada aquela alusiva ao fato 'negativo' da ausência de fiscalização" (TST-Ag-RR-11380-35.2015.5.03.0018, Data de Julgamento: 18/12/2019, Data de Publicação DEJT: 08/01/2020).

Ou seja, incumbirá unicamente ao Ente Público a prova da fiscalização, já que entendimento em sentido diverso implicaria atribuir ao empregado o pesado encargo de demonstrar fato negativo.

No caso em tela, o Segundo Réu (membro da Administração Pública) não se desincumbiu de seu encargo probatório, visto que os elementos de prova trazidos não bastam para a comprovação efetiva da fiscalização do contrato, sobretudo se consideradas as parcelas deferidas nesta sentença: salários do contrato e verbas decorrentes da rescisão. Assim, tenho por comprovada a culpa *in vigilando* decorrente da ausência de fiscalização.

Como se percebe pela condenação acima deferida, a Primeira Reclamada não pagou corretamente o Reclamante, e, sendo assim, julgo procedente o pedido para condenar a Segunda Reclamada, de forma subsidiária pelos créditos trabalhistas deferidos nesta decisão.

Não há verbas de caráter personalíssimo da Primeira Ré OU excluam-se da presente condenação as obrigações de caráter personalíssimo da empregadora, quais sejam: anotação na CTPS / entrega de guias etc. – **verificar o caso concreto e adaptar o modelo.**

5.14 GRUPO ECONÔMICO E RESPONSABILIDADE SOLIDÁRIA

DO GRUPO ECONÔMICO

As Reclamadas negam que façam parte do mesmo grupo econômico. No entanto, os elementos trazidos aos autos levam à conclusão diversa.

De início, cumpre salientar que grupo econômico é caracterizado quando uma ou mais empresas, embora tendo cada uma delas personalidade jurídica própria, estiverem sob a direção, controle ou administração de outra (grupo econômico por subordinação), ou quando as empresas possuírem relação de coordenação, sendo essencial para sua formação a existência de uma coordenação interempresarial com objetivos comuns (grupo econômico por coordenação), na forma do Art. 2º, § 2º, CLT.

Neste esteio, há necessidade de indicação de circunstâncias que demonstrem a existência de subordinação ou coordenação das empresas, de forma conjunta, independentemente da coincidência societária, conforme Art. 2º, § 3º, CLT.

E este é justamente o caso dos autos, pois XXX.

Declaro, portanto, a existência de grupo econômico entre as Reclamadas, ficando elas solidariamente responsáveis pelo pagamento das verbas acima deferidas. Procede o pedido.

5.15 ADICIONAIS

DO ADICIONAL DE INSALUBRIDADE

Alega o Reclamante que laborava em condições insalubres, razão pela qual o Juízo determinou a realização de prova técnica, na forma do Art. 195 da CLT.

In casu, a prova técnica produzida foi conclusiva ao atestar a presença de elementos nocivos à saúde do trabalhador, ensejando direito à percepção de adicional de insalubridade em grau XXX.

Destaco a conclusão do expert:

XXXX

É certo que o Juiz não está atrelado ao laudo pericial, mas nesse caso o parecer técnico do expert é claramente conclusivo pela existência das condições de labor alegadas na inicial.

Diante do exposto, julgo procedente o pedido de pagamento do adicional de insalubridade durante todo o pacto laboral (observar se há período já prescrito) no percentual de XXX (observar o pedido e o enquadramento constante do laudo pericial) sobre o salário mínimo vigente em cada época, na forma do Art. 192, CLT e sua projeção em aviso prévio, 13º salários, férias acrescidas de 1/3 e FGTS acrescido da indenização compensatória de 40% (essas projeções sempre levarão em consideração a modalidade de rescisão contratual).

O candidato deve lembrar que a base de cálculo do adicional de insalubridade é o salário mínimo, na forma do Art. 192, CLT.

CLT, Art. 192 - *O exercício de trabalho em condições insalubres, acima dos limites de tolerância estabelecidos pelo Ministério do Trabalho, assegura a percepção de adicional respectivamente de 40% (quarenta por cento), 20% (vinte por cento) e 10% (dez por cento) do salário-mínimo da região, segundo se classifiquem nos graus máximo, médio e mínimo.*

Improcede o pedido de projeção no RSR em razão da coincidência de base de cálculo mensal, e sob pena de bis in idem.

DO ADICIONAL DE PERICULOSIDADE

O Reclamante pleiteia o pagamento de adicional de periculosidade durante todo o contrato de trabalho ao fundamento de que sempre exerceu função perigosa.

A Ré refuta o pedido, postulando a improcedência da pretensão.

Na hipótese, a prova técnica produzida pelo expert concluiu que o Reclamante não exercia atividade perigosa, senão vejamos:

XXXX

Portanto, julgo improcedente o pedido de pagamento do adicional de periculosidade, bem como sua integração para repercussão em outras verbas, já que o acessório segue a sorte do principal (Art. 92 do Código Civil).

OU

DO ADICIONAL DE PERICULOSIDADE

O Reclamante pleiteia o pagamento de adicional de periculosidade durante todo o contrato de trabalho ao fundamento de que sempre exerceu função perigosa sob argumento de que XXX.

A Ré refuta o pedido, postulando a improcedência da pretensão.

Na hipótese, a prova técnica produzida pelo expert concluiu que o Reclamante exercia atividade perigosa, vejamos:

XXXX

A perícia deixou incontroversa a exposição do Reclamante a ambiente de trabalho perigoso, na medida em que suas atividades laborativas estavam expostas a contato com XXXX

Sendo assim, constatado o labor perigoso, condeno a Ré ao pagamento do adicional de periculosidade no valor de 30% sobre o salário base do autor (Súmula 191, I, C. TST). Em decorrência, defiro a projeção desta diferença em aviso prévio, 13º salários, férias acrescidas de 1/3 e FGTS acrescido da indenização compensatória de 40% (essas projeções sempre levarão em consideração a modalidade de rescisão contratual).

ADICIONAL DE TRANSFERÊNCIA

O caput do art. 469 da CLT dispõe expressamente que não há transferência, se não houver necessariamente a mudança de domicílio do empregado.

Assim, somente fica comprovada a existência de transferência quando o empregado precisar trabalhar em local diverso do da contratação, e, como consequência, alterar o local de seu domicílio, com o efetivo ânimo de mudança.

No caso dos autos, o Autor não se desincumbiu de comprovar a efetiva transferência de domicílio, pressuposto necessário para se caracterizar a transferência.

Por tal motivo, improcede o pedido de pagamento do adicional de transferência, bem como suas projeções nas demais verbas requeridas, pois o acessório segue a sorte do principal – Art. 92, Código Civil.

OU

Restou incontroverso que o Autor foi contratado para laborar na cidade de XXX em XXX, sendo transferido para XXX em XXX.

Como o Reclamante apenas ficou estabelecido no local para onde foi transferido por cerca de 1 ano, e sempre com a ciência de que poderia retornar à base contratual, fica certo que se tratava de transferência provisória, o que atrai a aplicação da Orientação Jurisprudencial 113, SDI-1/ C. TST.

Destaco o referido entendimento jurisprudencial:

OJ-SDI1-113: ADICIONAL DE TRANSFERÊNCIA. CARGO DE CONFIANÇA OU PREVISÃO CONTRATUAL DE TRANSFERÊNCIA. DEVIDO. DESDE QUE A TRANSFERÊNCIA SEJA PROVISÓRIA (INSERIDA EM 20.11.1997)

O fato de o empregado exercer cargo de confiança ou a existência de previsão de transferência no contrato de trabalho não exclui o direito ao adicional. O pressuposto legal apto a legitimar a percepção do mencionado adicional é a transferência provisória.

Assim, como presente o pressuposto legal apto à concessão do requerido adicional, procede o pedido de pagamento do adicional de transferência no valor de 25% sobre os salários do período XXXX, na forma do Art. 469, § 3º, CLT, bem como sua projeção em XXXX.

5.16 DESCONTOS SALARIAIS

DA DEVOLUÇÃO DOS DESCONTOS SOB A RUBRICA XXX

Requer o Autor a devolução dos descontos havidos em seus contracheques sob a rubrica “XXX”, ao argumento de que tais valores referem-se, na verdade, a XXXX.

Em defesa, a Ré aduz que o desconto encontra previsão contratual e que, de fato, se refere a avarias cometidas pelo empregado.

Na hipótese, o contrato de trabalho firmado entre as partes prevê a possibilidade de desconto de valores em caso de danos causados pelo trabalhador, nos moldes do determinado pelo § 1º do art. 462 da CLT.

Todavia, em que pese a existência desta previsão legal, o princípio da intangibilidade salarial faz com que permaneça a cargo da Reclamada o ônus de comprovar que os descontos foram efetuados de forma válida, o que não ocorreu no caso dos autos, pois XXXX.

Sendo assim, torna-se imperiosa a determinação de devolução do valor indevidamente descontado do Reclamante, no importe de R$ XXX, e referente ao período de XXX. Procede o pedido.

DA DEVOLUÇÃO DE DESCONTOS POR FALTA

Como a Reclamada afirma que os descontos efetuados a título de falta referem-se às ausências injustificadas ao trabalho, acaba por atrair o ônus de comprovar suas alegações, a teor do Art. 818, II, da CLT.

No entanto, os controles de horário trazidos aos autos, além de serem insuficientes para comprovar a frequência do empregado ao longo de todo o pacto laboral, também não demonstram nenhuma ausência do Reclamante ao serviço.

Sendo assim, tenho como inidôneos os descontos ocorridos a título de faltas, pelo que determino a devolução de tais valores, observando-se para tanto, os contracheques juntados aos autos até o presente momento.

5.17 ÔNUS DA PROVA

Aqui a distribuição do ônus da prova vai depender das possíveis alegações trazidas com a defesa.

» Hipótese em que o ônus será do Reclamante

Tendo em vista que as alegações da Reclamada constituem mera negativa ao fato constitutivo do direito da parte Autora, acaba sendo desta o ônus de comprovar suas alegações, conforme Art. 818, I, CLT.

» Hipótese em que o ônus será da Reclamada

Tendo em vista que as alegações da Reclamada constituem fatos impeditivos / modificativos / extintivos do direito da parte Autora, acaba da Ré o ônus de comprovar suas alegações, conforme Art. 818, II, CLT.

5.18 DANO MORAL

DO DANO MORAL[1]

Na Justiça do Trabalho, o deferimento de indenizações por dano moral deve-se limitar às hipóteses em que a dignidade ou a personalidade do trabalhador restem realmente abaladas por algum ato do empregador ou de seus prepostos.

Isto porque não se deve banalizar um instituto tão importante cujo objetivo é coibir tais práticas vexatórias, devendo a indenização possuir caráter pedagógico, visto que deve se prestar a imputar ao empregador, autor de tal dano, um sentido de penalidade que o coíba proceder de tal forma.

E é justamente o que ocorre no caso dos autos, pois XXX.

Desta forma, julgo procedente o pedido de indenização por dano moral, conforme os parâmetros do Art. 223-G, § 1º, CLT, considerando a ofensa como leve/ média/grave/ gravíssima, e fixando o valor em XXX.

Alguns exemplos:

E foi este justamente o caso dos autos, pois o (incontroverso) atraso no pagamento dos salários, bem como a ausência de pagamento de suas verbas rescisórias, fez com que o Autor tivesse suas contas particulares em atraso e seu nome inserido no cadastro restritivo de crédito do SERASA (conforme comprovam documentos XXX).

Não há nada que macule mais a honra de um honesto trabalhador do que ter seu nome "sujo na praça", e por culpa exclusiva de sua empregadora que não providenciou o pagamento do mínimo, que era o salário devido até o 5º dia útil do mesmo, ou, ainda, suas verbas rescisórias ao tempo do distrato.

---

1 Observação das autoras – até o fechamento da edição não houve decisão do STF quanto à constitucionalidade do dispositivo acima. Portanto, indica-se ao candidato que siga o dispositivo legal.

Desta forma, julgo procedente o pedido de pagamento de indenização por danos morais no montante de ***XXXX****, valor que considero compatível com a gravidade da lesão, o tempo de vigência do contrato de trabalho, o caráter pedagógico da medida e a capacidade econômica do ofensor, na forma do Art. 223-G, caput e § 1º, CLT.*

OU

Há prova inequívoca de que o Reclamante foi acometido de doença profissional, não tendo a Reclamada a cautela e o cuidado de proteger seus empregados com entrega de EPI ou realização dos devidos exames, o que ocasionou a redução parcial de sua capacidade laborativa (conforme prova pericial constante dos autos).

Portanto, como o Poder Judiciário não pode corroborar com atitudes como da Reclamada, que não toma os cuidados necessários a que seus empregados não desenvolvam doenças ocupacionais, exatamente como aconteceu com o Reclamante, e como este ficou parcialmente incapaz para exercer qualquer função braçal, atividade que há anos exercia na empresa, julgo procedente o pedido de pagamento de indenização no montante de R$ XXXX, levando-se em consideração a capacidade econômica da Reclamada, a última remuneração da Reclamante e seu tempo de serviço na empresa.

OU

Na hipótese em tela, o pedido funda-se na alegação de que a parte Autora era submetida a constrangimentos quando não atingia metas exigidas pela empresa; quando tinha controlado o tempo de uso do banheiro e quando era tratada de forma grosseira por sua supervisora.

Aduz que também se sentia constrangida por XXX

Afirma, por fim, que trabalhava muitas vezes em ambiente insalubre, fechado sem ar condicionado, em extremo calor e sem água gelada.

A Ré nega as alegações autorais. Pois bem.

A prova oral produzida pela Autora confirmou que *XXX*.

As declarações não deixam dúvidas de que houve restrição e controle quanto ao uso do banheiro por parte do empregador. Tal atitude configura extrapolação do poder diretivo e causa constrangimento e humilhação ao trabalhador – que sequer pode fazer suas necessidades fisiológicas todas as vezes que necessita.

Assim, em decorrência deste ato abusivo praticado pela Reclamada, defiro o pedido de danos morais no valor de R$ XXX.

Entendo configurado dano moral também em relação às condições do local de trabalho em que laborava a demandante, por se tratar de ambiente com calor excessivo e sem a possibilidade de abertura de janelas para propiciar a ventilação adequada.

É o que se extrai do depoimento da testemunha trazida pela parte:

Considerando que incumbe ao empregador proporcionar um ambiente de trabalho com condições mínimas de conforto e limpeza, adotando medidas que o conserve salubre, e porque tal regra não foi observada pela Ré em alguns meses do pacto laboral, tenho configurado ato ilícito do empregador.

Assim, em decorrência deste outro ato ilícito praticado pelo empregador e o dano moral causado, condeno a Ré ao pagamento de indenização por dano moral no valor de R$ XXX.

5.19 TUTELA DE URGÊNCIA

DA TUTELA DE URGÊNCIA

Defiro, com base no Art. 300, CPC, de aplicação subsidiária autorizada pelo Art. 769, CLT, a tutela de urgência para que se expeça imediatamente alvará a fim de que o Reclamante possa levantar os valores depositados a título de FGTS em sua conta vinculada, uma vez que incontroversa a dispensa injusta, e porque atendidos os requisitos legais.

Defiro, ainda, a expedição de ofício para que o Reclamante seja habilitado ao recebimento do benefício do seguro-desemprego.

Quanto ao FGTS, a Reclamada fica responsável pela integralidade dos depósitos, sob pena de pagamento do equivalente em espécie e acrescido da indenização compensatória de 40% (Lei 8.036/90, Art. 18, § 1º).

5.20 REINTEGRAÇÃO

DA REINTEGRAÇÃO / DOS DIREITOS DECORRENTES – deferimento da reintegração

Desde a petição inicial alega a Reclamante ser portadora de doença profissional, requerendo sua reintegração ao emprego, bem como sua manutenção no emprego quando da decisão de mérito. A Reclamada nega tais fatos, alegando que nunca houve concessão de benefício previdenciário e nos termos do exame médico demissional.

Desta forma, e para que os fatos fossem totalmente esclarecidos, foi requerida pela Reclamante a produção de prova pericial médica, tendo o I. Perito atestado o seguinte: XXX

Além disso, o I. Perito conclui que ***diante da luz dos fatos apresentados, identificados, narrados e examinados, não resta alternativa se não a de orientar o nobre Magistrado considerar favorável o pleito da Reclamante face às patologias alegadas e comprovadas pela mesma, haja vista que demonstrou claramente situação médica pericial – grifos nossos.***

Tais fatos acima descritos já seriam suficientes ao Juízo para se deferir os pedidos formulados, vez que aplico ao presente caso a Teoria da Responsabilidade Objetiva (pela atividade de risco desenvolvida pela empregada), onde o importante na questão é ato faltoso em si, e não necessariamente a culpa de qualquer das partes. No entanto, e apenas para complementar a decisão, cabe dizer que houve negligência da Reclamada quando não realizou corretamente o exame demissional.

Claro, portanto, que a Reclamante já era portadora de doença profissional quando de sua dispensa em XXX, estando presentes os requisitos previstos na Súmula 378, II, segunda parte, do TST, vez que a doença foi reconhecida posteriormente à rescisão, mas possui total ligação com o trabalho desempenhado na *Reclamada.*

Desta forma, declaro nula a dispensa da Reclamante (devendo ser cancelada a baixa aposta em sua CTPS), pois portadora de garantia de emprego, conforme Art. 118, Lei 8.213/91, e determino sua ***IMEDIATA REINTEGRAÇÃO AOS QUADROS DA RECLAMADA (concedendo, portanto, a tutela de urgência requerida),*** *na mesma função por último ocupada e com mesma remuneração, devendo a Reclamada emitir a CAT para que a Reclamante seja encaminhada ao INSS para o recebimento do benefício previdenciário adequado.* ***Expeça-se o competente mandado de reintegração com urgência. A partir de tal recebimento pela Reclamada a mesma possui prazo de 5 dias para cumprir a ordem judicial, sob pena de incidência de multa diária de R$ 1.000,00 (****o valor deve ser arbitrado conforme o caso concreto*).

Em virtude da reintegração, julgo procedente o pedido de pagamento das verbas do período do irregular afastamento (desde a rescisão contratual em XXX até a efetiva reintegração e início de recebimento do benefício previdenciário), o que inclui XXXX.

Como a Reclamante recebeu verbas rescisórias quando da dispensa, determino que quando do pagamento acima haja a compensação com o valor constante do TRCT.

DA REINTEGRAÇÃO / DOS DIREITOS DECORRENTES – deferimento da indenização substitutiva da garantia de emprego

Como os fatos acima foram tidos como verdadeiros, tenho que a Reclamante foi dispensada enquanto em curso o período de garantia de emprego previsto no Art. 10, II, B, ADCT, e vigente desde a confirmação da gravidez até cinco meses após o parto (esse ocorrido em XXX).

Como quando da prolação da presente sentença já se encontra exaurido o período de garantia de emprego, improcede o pedido de reintegração da Reclamante aos quadros da Reclamada.

Acolho, no entanto, o pedido formulado em ordem subsidiária de pagamento de indenização substitutiva da garantia de emprego, desde a dispensa ocorrida em XXX até o final da garantia de emprego em XXX, e consistente no pagamento de salários e demais verbas do período. Procede, nesses termos.

5.21 CORREÇÃO MONETÁRIA E JUROS

Considerando o efeito vinculante e a sua eficácia erga omnes, e nos termos da decisão do E. STF, determino aplicação do IPCA-E acrescido de juros até o ajuizamento da ação e, a partir daí, a SELIC – a qual englobará os juros e correção monetária, nos termos das ADCs 58 e 59.

5.22 IMPOSTO DE RENDA E CONTRIBUIÇÃO PREVIDENCIÁRIA

Os recolhimentos previdenciários e fiscais serão encargo da Reclamada, observados o teto de contribuição, a tabela de progressividade do imposto de renda, o regime de competência, bem como a natureza salarial das parcelas deferidas nesta decisão (nos termos do Art. 832, § 3º, CLT e Art. 28, Lei 8.212/91). Admitida, ainda, a retenção da cota-parte da Reclamante, e devendo-se observar a redação da Súmula 368, C. TST.

Não há que se falar em incidência de IR sobre os juros de mora, ante o caráter eminentemente indenizatório dessa verba.

CAPÍTULO 6

ERROS MAIS COMUNS NA PROVA DE SENTENÇA E QUESTÕES IMPORTANTES

Aqui seguem algumas observações de erros muito comuns quando da elaboração da prova de sentença, e a fim de que vocês saiam ilesos.

» Falsa análise das provas.

Todos os dados que o candidato necessita para a elaboração da prova de sentença está no caderno de prova.

Não fique pensando no que possa estar por trás de uma informação. Seja objetivo e não perca tempo com elucubrações, ou com "e se for isso", "e se for aquilo".

Não dê espaço para falsas análises. Trabalhe com tudo o que o examinador já colocou à sua disposição.

» **Confusão de ilegitimidade *ad causam* com mérito**

Tal como já visto anteriormente quando da análise das preliminares o Direito Processual do Trabalho aplica a Teoria da Asserção. Portanto, a indicação de alguém para figurar no polo passivo já o torna legítimo para fazer parte da relação jurídica processual, sendo a questão da efetiva dívida hipótese a ser analisada no mérito.

Podemos ter uma ilegitimidade no caso de homonímia, ou em situações pontuais, mas, de forma geral, as ilegitimidades passivas devem ser rejeitadas, com discussão sendo levada para julgamento no mérito.

» **Expressões vulgares ou injuriosas**

Na elaboração da prova não há necessidade de linguagem rebuscada ou expressões em latim, mas por certo que não é adequada a utilização de palavras ou expressões vulgares ou injuriosas, ou mesmo palavras de baixo calão.

Exceto, claro, que tais expressões fizerem parte de algum depoimento que o candidato entenda por bem reproduzir para embasar o julgamento.

Nesse caso, basta colocar entre aspas e seguir em frente.

» **Realização de "mini relatórios" na fundamentação**

Dentro de cada pedido não devem ser feitos os chamados "mini relatórios", em que o candidato coloca todas as alegações da parte Autora e depois todas as alegações da parte Reclamada, para aí sim começar o julgamento.

Claro que trazer as alegações pontuais das partes pode ser importante, e por vezes até mesmo essencial, mas o candidato não precisa descrever todas as informações trazidas pelas partes. Basta colocar o que for mais importante para a decisão a ser tomada.

» **Não adentrar o candidato na discussão colocada pelo examinador**

A prova de sentença simula uma sentença da vida real. Desta forma, o candidato deve pensar em como seria se o juiz não adentrasse a discussão travada pelas partes, a fim de conceder o chamado bom direito?

Assim como não seria correto fazer isso numa sentença prática, da mesma forma não cabe fazer numa prova de sentença.

Portanto, cabe ao candidato não tratar qualquer questão de forma superficial, sendo imprescindível a análise aprofundada de toda matéria ventilada e que seja importante para a solução do caso.

Outras questões importantes a serem analisadas:

SÚMULA 357 TST (CONTRADITA)

Sempre que possível o candidato deve utilizar a súmula ora mencionada para embasar a contradita, que provavelmente já foi rejeitada no caderno de prova.

Também pode ser utilizada como forma de rejeitar os protestos suscitados pelo afastamento da contradita.

SÚMULA Nº 357 DO TST

TESTEMUNHA. AÇÃO CONTRA A MESMA RECLAMADA. SUSPEIÇÃO (mantida – Res. 121/2003, DJ 19, 20 e 21.11.2003

Não torna suspeita a testemunha o simples fato de estar litigando ou de ter litigado contra o mesmo empregador.

OJ 233 SBDI-I TST (período da prova)

A Orientação Jurisprudencial 233 da SDI-1 do C. TST nos permite "esticar" a prova oral produzida. Em muitos casos, as provas produzidas dizem respeito a apenas um período do contrato de trabalho, não abarcando todo o tempo laborado. No entanto, o Magistrado pode analisar a prova produzida para um período contratual e aplicá-la para todo o contrato de trabalho, desde que se convença que o fato comprovado tenha ocorrido durante todo o período contratual.

A Orientação Jurisprudencial fala do tópico de horas extras, mas não há qualquer óbice para que seja aplicada em outros pedidos. Além disso, também pode ser reconhecida de ofício pelo juiz, não sendo necessário requerimento expresso das partes.

Orientação Jurisprudencial nº 233 da SDI-1 / C TST.

HORAS EXTRAS. COMPROVAÇÃO DE PARTE DO PERÍODO ALEGADO (nova redação) – **Res. 129/2005, DJ 20, 22 e 25.04.2005**
A decisão que defere horas extras com base em prova oral ou

documental não ficará limitada ao tempo por ela abrangido, desde que o julgador fique convencido de que o procedimento questionado superou aquele período.

SÚMULA 74, I, TST (CONFISSÃO)

A aplicação da Súmula 74, I, do C. TST, que decorre da ausência da parte em audiência para a qual foi intimada a estar presente para depoimento pessoal, demanda atenção do candidato para saber se a intimação foi expressa e clara de que a ausência importaria na aplicação da confissão.

Caso não haja intimação com essa cominação expressa, a confissão não pode ser aplicada. Fique atento!

SÚMULA Nº 74 DO TST

CONFISSÃO. (atualizada em decorrência do CPC de 2015 – Res. 208/2016, DEJT divulgado em 22, 25 e 26.04.2016

I - *Aplica-se a confissão à parte que, expressamente intimada com aquela cominação, não comparecer à audiência em prosseguimento, na qual deveria depor. (ex-Súmula nº 74 – RA 69/1978, DJ 26.09.1978)*

TÍTULO 2
SENTENÇA TRABALHISTA NA PRÁTICA – MODELOS COM A PROPOSITURA DA PROVA DE SENTENÇA

CAPÍTULO 7

EXERCÍCIOS DE FIXAÇÃO DE JORNADA DE TRABALHO E SENTENÇAS INÉDITAS COM SUGESTÃO DE RESPOSTA

Abaixo apresentamos alguns exercícios para que o candidato aprenda a fixar jornada de trabalho na prova de sentença, tendo em vista que em praticamente em todas elas há normalmente o pedido de pagamento de horas extras, adicional noturno, intervalos intrajornada e/ou interjornada, dentre outros ligados à jornada de trabalho.

O segredo é saber que a petição inicial nos traz os limites da lide, e a partir daí a jornada possivelmente fixada só vai reduzindo. Após verificar a jornada da inicial, analisa-se possível confissão em depoimento pessoal e, depois, as provas testemunhais produzidas.

Cuidado com a prática, pois ela pode levá-lo a cometer algum equívoco. Além disso, lembre-se que a prova de sentença é um conjunto de informações, e que todas contribuirão para a fixação da jornada correta.

EXERCÍCIOS PARA FIXAÇÃO DA JORNADA DE TRABALHO

Exercício 1) Reclamante ajuíza ação alegando que laborava de segunda-feira a sexta-feira, de 08h00 às 20h30, com 35 minutos de intervalo, e 3 sábados por mês, de 09h00 às 18h00, com 15 minutos de intervalo.

A Reclamada sempre possuiu mais de 20 empregados e não junta aos autos os controles de frequência.

Em depoimento pessoal, o Reclamante informa labor na seguinte jornada: segunda-feira a sexta-feira, de 07h30 às 19h00, com 25 minutos de intervalo, e 2 sábados por mês, de 08h00 às 17h45, com 10 minutos de intervalo.

Não foram produzidas outras provas.

Contrato de trabalho no período de 10.03.2017 a 05.09.2020 (dispensa sem justa causa).

Fixe o ônus da prova / estabeleça a jornada / defira as HE (inclusive do intervalo intrajornada) com as projeções que entender cabíveis.

SUGESTÃO DE RESPOSTA:

Tendo em vista que a Reclamada, a despeito de possuir mais de 20 empregados, não faz a juntada dos controles de frequência, na forma do Art. 74, § 2º, CLT, e entendimento consubstanciado na Súmula 338, I, TST, da Ré o ônus de comprovar a jornada descrita na defesa.

E a Reclamada não se desincumbe de seu encargo probatório, pois não produziu qualquer prova nesse sentido.

Assim, em virtude da presunção relativa de veracidade da jornada descrita na inicial, aliado ao depoimento pessoal da parte Autora, fixo a esta a seguinte jornada: de segunda-feira a sexta-feira, de 08h00 às 19h00, com 35 minutos de intervalo, e em 2 sábados por mês, de 09h00 às 17h45, com 15 minutos de intervalo.

Julgo procedente o pedido o pedido de pagamento das horas extras trabalhadas, sendo estas as que ultrapassarem a oitava diária ou a quadragésima quarta semanal, ressaltando que as levadas em conta na primeira contagem não devem o ser para fins do módulo semanal, sob pena de bis in idem, com acréscimo de 50%, de acordo com a jornada acima fixada e o Art. 7º, XVI, CRFB/88 e projeções em RSR, aviso prévio; férias integrais e proporcionais, todas acrescidas de 1/3; 13º salários integrais e proporcionais, e FGTS, acrescido da multa indenizatória de 40%.

Quando do pagamento, em sede de execução, devem ser levados em consideração os seguintes parâmetros: evolução salarial do Reclamante, divisor 220, exclusão das parcelas que não possuam caráter salarial.

Quanto ao intervalo intrajornada, e para o período até 10.11.2017, julgo procedente o pedido de pagamento no montante de 1 hora extra por dia, com adicional de 50%, e projeções em RSR; férias integrais e proporcionais, todas acrescidas de 1/3; 13º salários integrais e proporcionais, e FGTS, acrescido da indenização compensatória de 40%.

Para o período a partir de 11.11.2017, julgo procedente o pedido no montante de 25 minutos de segunda-feira a sexta-feira, 45 minutos para os sábados, com adicional de 50%, mas sem as projeções por se tratar de verba de caráter indenizatório.

Exercício 2) Reclamante ajuíza ação alegando jornada de segunda-feira a sexta-feira, de 08h00 às 21h30, com 30 minutos de intervalo, 3 sábados por mês, de 07h00 às 18h00, com 40 minutos de intervalo, e 2 domingos por mês, de 09h00 às 15h00, com 15 minutos de intervalo.

A Reclamada junta controles de frequência de todo período do contrato de trabalho com registro de horários variados, apenas com pré-assinalação do horário de intervalo de 1 hora por dia.

Em manifestações, o advogado do Reclamante impugna os controles de frequência, informando que não podia registrar corretamente sua jornada.

Reclamante em depoimento pessoal confirma a jornada da inicial.

Testemunha do Reclamante diz que: tinha o mesmo horário que o Reclamante, que laboravam de segunda-feira a quinta-feira, de 07h00 às 22h00, com 10 minutos de intervalo, sexta-feira, de 09h00 às 20h00, com 1 hora de intervalo, 3 sábados por mês, de 07h50 às 17h30, com 20 minutos de intervalo, e 1 domingo por mês, de 09h00 às 15h00 com 15 minutos de intervalo, que não podia registrar corretamente seu horário nos controles, e que o mesmo ocorria com os demais empregados.

Contrato de trabalho no período de 20.07.2016 a 10.02.2021 (dispensa por justa causa).

Fixe o ônus da prova / estabeleça a jornada / defira as HE (inclusive do intervalo intrajornada) com as projeções que entender cabíveis.

SUGESTÃO DE RESPOSTA:

Tendo em vista que a Reclamada junta os controles de frequência do período contratual do Autor, com registros de entrada e saída variáveis, e que o Reclamante os impugna, acaba este por atrair o ônus de comprovar suas alegações, na forma do Art. 818, I, CLT.

E o Reclamante consegue se desincumbir de seu encargo probatório, tendo em vista os termos do depoimento de sua testemunha.

Assim, pela jornada descrita na inicial e as provas produzidas, fixo ao Autor a seguinte jornada: segunda-feira a quinta-feira, de 08h00 às 21h30, com 30 minutos de intervalo; sexta-feira, de 09h00 às 20h00, com 1 hora de intervalo; 3 sábados por mês, de 07h50 às 17h30, com 40 minutos de intervalo; 1 domingo por mês, de 09h00 às 15h00, com 15 minutos de intervalo.

Julgo procedente o pedido de pagamento das horas extras trabalhadas, sendo estas as que ultrapassarem a oitava diária ou a quadragésima quarta semanal, ressaltando que as levadas em conta na primeira contagem não devem o ser para fins do módulo semanal, sob pena de bis in idem, com acréscimo de 50% e 100% (esse adicional para os domingos laborados), de acordo com a jornada acima fixada e o Art. 7º, XVI, CRFB/88 e projeções em RSR, férias integrais acrescidas de 1/3; 13º salários integrais, e FGTS.

Em virtude da dispensa por justa causa, julgo improcedente o pedido de projeção em aviso prévio, férias proporcionais acrescidas de 1/3, 13º salário proporcional e indenização compensatória de 40% sobre o FGTS.

Quando do pagamento, em sede de execução, devem ser levados em consideração os seguintes parâmetros: evolução salarial do Reclamante, divisor 220, exclusão das parcelas que não possuam caráter salarial.

Quanto ao intervalo intrajornada, e para o período até 10.11.2017, acolho o pedido de pagamento no montante de 1 hora extra por dia, com adicional de 50%, e projeções em RSR, férias integrais acrescidas de 1/3; 13º salários integrais, e FGTS.

Em virtude da dispensa por justa causa, improcede o pedido de projeção em aviso prévio, férias proporcionais acrescidas de 1/3, 13º salário proporcional e indenização compensatória de 40% sobre o FGTS.

Para o período a partir de 11.11.2017, julgo procedente o pedido de pagamento de 30 minutos de intervalo de segunda-feira a quinta-feira, e 20 minutos para os sábados, com adicional de 50%, mas sem as projeções por se tratar de verba de caráter indenizatório.

Improcede o pedido de pagamento de intervalo para as sextas-feiras, pois restou fixado período de 1 hora, bem como para os dias de domingo laborados, vez que o Reclamante laborava 6h e já tinha o intervalo regular de 15 minutos, conforme Art. 71, § 1º, CLT.

Assim, improcede o pedido, bem como as projeções, vez que o acessório segue a sorte do principal.

Exercício 3) Reclamante ajuíza ação alegando jornada de segunda-feira a sexta-feira, de 09h00 às 20h00, com 30 minutos de intervalo, todos os sábados, de 10h00 às 19h00, com 25 minutos de intervalo, e 3 domingos por mês, de 09h00 às 18h00, com 25 minutos de intervalo.

A Reclamada junta controles de frequência de todo período do contrato de trabalho, mas com registro britânico de horários.

Em manifestações, o advogado do Reclamante impugna os controles de frequência, informando que não podia registrar corretamente sua jornada.

<u>Reclamante, em depoimento pessoal</u>, afirma que laborava segunda-feira a sexta-feira, de 08h00 às 20h30, com 30 minutos de intervalo, todos os sábados, de 10h00 às 17h00, com 30 minutos de intervalo, e 2 domingos por mês, de 09h30 às 17h00, com 25 minutos de intervalo.

<u>Testemunha do Reclamante</u> diz que: que não se recorda com exatidão o horário de trabalho do Autor, mas que tinham o mesmo tempo de intervalo, pois almoçavam sempre juntos; que laborava nos mesmos dias do Autor, que não podiam registrar corretamente seu horário de trabalho no controle, que laborava de segunda-feira a sexta-feira, de 10h00 às 19h30, com 1 hora de intervalo, todos os sábados do mês, de 09h00 às 17h30, com 30 minutos de intervalo, e 2 domingo por mês, de 09h00 às 17h00, com 30 minutos de intervalo.

<u>Testemunha da Reclamada</u> diz que: não via sempre o Reclamante trabalhando, pois exerciam atividades em setores diferentes; que tinha contato com Autor cerca de 2/3 vezes na semana sem dias fixos, que o depoente conseguia registrar seu horário corretamente na folha de ponto, mas não sabe dizer quanto ao Autor.

Contrato de trabalho no período de 20.09.2016 a 05.05.2020 (pedido de demissão).

Fixe o ônus da prova / estabeleça a jornada / defira as HE (inclusive do intervalo intrajornada) com as projeções que entender cabíveis.

SUGESTÃO DE RESPOSTA:

Como a Reclamada faz a juntada dos controles de frequência sem qualquer variação de horário, acaba sendo dela o ônus de comprovar suas alegações, ainda que os referidos documentos tenham sido impugnados pelo Reclamante, na forma do entendimento da Súmula 388, III, TST.

E a Reclamada não consegue se desincumbir de seu encargo probatório, pois sua testemunha nada esclarece sobre a jornada praticada pelo Autor, vez que não sabe dizer se ele anotava corretamente a jornada, e porque só o via em alguns dias na semana, mas sem dias fixos.

A testemunha do Reclamante, por sua vez, nao esclarece sobre a jornada do Autor, mas traz informações precisas sobre seu intervalo intrajornada.

Assim, tendo em vista a jornada descrita na inicial, devidamente limitada pelo depoimento pessoal, e as provas produzidas, fixo ao Autor a seguinte jornada: de segunda-feira a sexta-feira, de 09h00 às 20h00, com 1 hora de intervalo, todos os sábados, de 10h00 às 17h00, com 30 minutos de intervalo, e em 2 domingos por mês, de 09h30 às 17h00, com 30 minutos de intervalo.

Julgo procedente o pedido de pagamento das horas extras trabalhadas, sendo estas as que ultrapassarem a oitava diária ou a quadragésima quarta semanal, ressaltando que as levadas em conta na primeira contagem não devem o ser para fins do módulo semanal, sob pena de bis in idem, com acréscimo de 50% e 100% (esse adicional para os domingos laborados), de acordo com a jornada acima fixada e o Art. 7º, XVI, CRFB/88 e projeções em

RSR, férias integrais e proporcionais acrescidas de 1/3; 13º salários integrais e proporcionais, e FGTS.

Em virtude do pedido de demissão, improcede a projeção em aviso prévio, e indenização compensatória de 40% sobre o FGTS.

Quando do pagamento, em sede de execução, devem ser levados em consideração os seguintes parâmetros: evolução salarial do Reclamante, divisor 220, exclusão das parcelas que não possuam caráter salarial.

Quanto ao intervalo intrajornada, e para o período até 10.11.2017, julgo procedente o pedido de pagamento no montante de 1 hora extra por dia, com adicional de 50%, e projeções em RSR, férias integrais e proporcionais acrescidas de 1/3; 13º salários integrais e proporcionais, e FGTS.

Em virtude do pedido de demissão, improcede a projeção em aviso prévio, e indenização compensatória de 40% sobre o FGTS.

Para o período a partir de 11.11.2017, julgo procedente o pedido no montante de 30 minutos para os sábados e domingos, com adicional de 50%, mas sem as projeções por se tratar de verba de caráter indenizatório.

Improcede o pedido de intervalo de segunda-feira a sexta-feira, pois restou fixado período de 1 hora. Assim, indefiro o pedido, bem como as projeções, vez que o acessório segue a sorte do principal.

- **SENTENÇAS INÉDITAS COM SUGESTÃO DE ESPELHO DE RESPOSTA**
- **OBS.: OS NOMES, PERÍODOS, DATAS E DADOS UTILIZADOS NOS EXERCÍCIOS ABAIXO SÃO FICTÍCIOS, NÃO POSSUINDO QUALQUER RELAÇÃO COM PROCESSOS REAIS**

Exercício número 1)

Luciana da Silva trabalhou na empresa Moda Beleza LTDA., na função de vendedora, no período de 10.03.2017 a 20.09.2020, com salário fixo de R$ 1.000,00 acrescido de comissões no percentual de 5% (o totalizava uma média mensal de R$ 500,00).

No período contratual a Reclamante laborada de segunda-feira a sexta-feira, de 09h00 às 20h00, com 30 minutos de intervalo intrajornada, e 3 sábados por mês, de 10h00 às 17h00, com 20 minutos de intervalo intrajornada. Que por determinação do gerente Reginaldo a Reclamante não podia registrar nas folhas de ponto todos os horários laborados.

Requer, assim, o pagamento de todas as horas extras laboradas, inclusive as derivadas do intervalo intrajornada, bem como sua projeção no RSR, aviso prévio, férias acrescidas de 1/3, 13º salários e FGTS com 40%.

O referido gerente Reginaldo constantemente assediava sexualmente a Reclamante, dirigindo a ela palavras como “gostosa”, “meu dengo”, e dizendo que rapidamente poderia ascender na empresa, se fosse esperta e cedesse aos seus encantos. Tais atos ocorriam na frente dos demais funcionários, e desde o início do contrato, ressaltando a Autora que aguentou tal situação por ser casada (estando seu esposo desempregado) com filho pequeno.

No entanto, no dia 20.09.2020 o gerente Reginaldo passou dos limites e encostou a Reclamante na parede nos fundos do almoxarifado, não restando a ela outra saída que não pedir demissão.

No entanto, não fez tal pedido de livre e espontânea vontade, mas por não mais aguentar trabalhar no mesmo local que o referido gerente. Desta forma, em virtude do vício de vontade, requer a declaração de nulidade do pedido de demissão, sua conversão em dispensa sem justa causa, e pagamento das verbas inerentes, quais sejam, o aviso prévio (e sua integração ao tempo de serviço com a consequente retificação de baixa na CTPS), e entrega de guias para liberação do FGTS e indenização compensatória de 40%, e guias para recebimento do seguro desemprego.

Como ainda não recebeu as verbas rescisórias acima mencionadas, a Reclamada encontra-se em mora. Portanto, requer o pagamento das verbas acima com incidência da multa do Art. 467, CLT, bem como o pagamento da multa do Art. 477, § 6º c/c § 8º, CLT.

Em decorrência dos atos acima narrados, a Reclamante requer a condenação da Reclamada em indenização por dano moral em virtude do assédio sexual sofrido, na ordem de R$ 50.000,00.

A Reclamante, tal como dito acima, tinha um filho menor com 5 anos de idade. No entanto, a Reclamada nunca lhe pagou o salário família, razão pela qual requer o pagamento desse benefício de forma mensal durante todo contrato de trabalho.

A Reclamante, além de vendedora, também se ativava como auxiliar de serviços gerais, pois era obrigada pela Reclamada a limpar a loja juntos com os demais funcionários todos os dias ao final de expediente. Certo, assim, que a Reclamante exercia função para a qual não foi contratada, e que não derivava das atividades de vendedora.

Por tal motivo, requer o reconhecimento do acúmulo de função, pagamento do *plus* salarial na ordem de 40%, e sua projeção em horas extras, RSR, aviso prévio, férias acrescidas de 1/3, 13º salários e FGTS com 40%.

Pelos fatos acima expostos, requer pagamento das seguintes verbas:

a) Declaração de nulidade do pedido de demissão, sua conversão em dispensa sem justa causa, e pagamento das verbas inerentes, quais sejam o aviso prévio – R$ 1.500,00;
b) Retificação da data de saída constante em sua CTPS com a inclusão do período de aviso prévio;

c) entrega de guias para liberação de FGTS (com acréscimo de 40%); – R$ 6.000,00;

d) Guias do seguro desemprego;

e) Multa do Art. 467, CLT;

f) Multa do Art. 477, § 6º c/c § 8º, CLT; – R$ 1.500,00;

g) Horas extras laboradas além da 08ª diária (além daquelas derivas da não concessão do intervalo intrajornada, no montante de 01 hora por dia de trabalho), bem como as devidas projeções de ambas nas verbas contratuais e rescisórias, inclusive RSR; – R$ 9.000,00;

h) Indenização por dano moral – R$ 50.000,00;

i) Salário família – R$ 4.000,00;

j) Diferenças do *plus* salarial pelo acúmulo de função e reflexos nas verbas descritas na causa de pedir – R$ 7.000,00.

Requer, ainda, a concessão do benefício da gratuidade de justiça, pois afirma que não tem condições de pleitear perante essa Justiça sem prejuízo de seu sustento e de sua família (declaração em anexo).

Valor dado à causa de R$ 79.000,00

Rio de Janeiro, 21 de Maio de 2021.

ADV XXXX

OAB XXX

Documentos que acompanham a petição inicial:

- Contrato de honorários advocatícios;
- Declaração de hipossuficiência assinada por Reclamante e advogado;
- CTPS anotada com as informações contidas na exordial;

- Certidão de nascimento de seu filho que hoje conta com idade de 5 anos, carteira de vacinação e comprovante de matrícula e frequência regular à escola;
- TRCT sem ressalvas com recebimento do 13º salário proporcional, saldo de salário e férias proporcionais acrescidas de 1/3.

Moda Beleza LTDA., apresenta defesa escrita suscitando Preliminar de Inépcia da Petição Inicial quanto ao pedido de pagamento da multa do Art. 467, CLT pela ausência de liquidação do pedido, e da petição inicial como um todo pela ausência de apresentação de planilha de cálculos, pois os valores apresentados são meramente aleatórios, não havendo a mínima descrição de como a Autora chegou aos mesmos.

Argui a prejudicial de quitação geral, pois quando da rescisão contratual e sua homologação não foi anotada qualquer ressalva no TRCT, conforme documento juntado com a própria inicial.

Por último, suscita prejudicial de prescrição, no que couber.

No mérito propriamente dito, a Reclamada apresenta defesa nos seguintes termos:

1. A Reclamante jamais sofreu qualquer assédio sexual advindo do gerente Reginaldo, bem como de qualquer outro funcionário da contestante. Indevida, assim, a indenização pleiteada. De qualquer forma, ainda que se entendesse devida, jamais poderia ser arbitrada no valor requerido, pois excessivo e fora dos parâmetros do Art. 223-G, CLT.
2. Em verdade, a empresa foi surpreendida com o pedido de demissão da Reclamante, que pediu para sair alegando problemas pessoais, o que foi prontamente aceito pela empresa. A Reclamante, inclusive, redigiu e assinou o pedido de demissão, documento anexo à presente defesa. Assim, lícito o pedido de demissão, não sendo caso de conversão para dispensa injusta.

3. Que a Reclamante recebeu as verbas decorrentes do pedido de demissão quando da homologação da rescisão em 30.09.2020, não havendo que falar em mora no pagamento das verbas.
4. A empresa possuía menos de 10 empregados, razão pela qual os empregados não tinham registro de ponto. De qualquer forma, a Reclamante laborava em horário comercia, de segunda-feira a sexta-feira, de 09h00 às 18h00, com 1 hora de intervalo, e sábados, de 08h00 às 12h00. Como a Reclamante não laborava em HE, não há que se falar em qualquer pagamento ou condenação nesse sentido.
5. Que a Reclamante nunca apresentou qualquer documentação referente a seu filho, motivo pelo qual a Reclamada não concedia pagava o salário família.
6. Que a Reclamante apenas laborava como vendedora, apenas auxiliando na limpeza do local de trabalho 1 vez por semana, em sistema de rodízio com os demais empregados, tambem vendedores. Nao se trata de acúmulo de função, mas de asseio do local de trabalho, o que ocorria de forma esporádica. Assim, deve ser julgado improcedente o pedido.
7. Requer a Reclamada que sejam compensadas as verbas porventura pagas sob idêntico título.
8. Caso ultrapassadas as preliminares arguidas, requer a improcedência total dos pedidos, bem como a condenação do Reclamante em honorários de sucumbência no valor a ser arbitrado pelo Juízo.

Rio de Janeiro, 26 de Agosto de 2021.

Adv YYYYY

OAB YYYYYY

Documentos que acompanham a defesa:

1. TRCT assinado pela Reclamante com pagamento das verbas decorrentes do pedido de demissão em 30.09.2020;
2. Procuração para advogado da empresa e contrato de honorários advocatícios;
3. Pedido de demissão redigido e assinado pela Reclamante.

No dia 26.08.2021, em audiência una, as partes compareceram acompanhadas de seus advogados:

Conciliação recusada.

Defesa com documentos, impugnando o Reclamante o pedido de demissão constante dos autos, pois apesar de ser sua a redação e a assinatura, se viu obrigada a tal procedimento em virtude das atitudes do gerente Reginaldo, que realmente recebeu as verbas descritas no TRCT, e que a empresa tinha mais de 10 empregados e que os funcionários marcavam ponto, apesar de nele não poder registrar toda a jornada laborada. No mais, reporta-se aos termos da inicial.

Colhido depoimento pessoal do Reclamante, afirma que: era constantemente assediada pelo gerente Reginaldo; que por não mais suportar tal situação, acabou pedindo demissão, que a empresa tinha menos de 10 empregados, mas ainda assim possuía controles de frequência; que não podia registrar os horários corretamente por determinação do gerente; que laborava de segunda-feira q sexta-feira, de 09h30 às 20h30 com 30 minutos de intervalo e 2 sábados por mês, de 09h00 às 16h00h, com 1 hora de intervalo intrajornada, que não recebia pelas HE laboradas, nem era possível realizar qualquer compensação, que arrumava a sala onde trabalhava cerca de 1 vez por semana em sistema de rodízio com os demais vendedores. NADA MAIS.

Colhido o depoimento pessoal do Preposto da Reclamada: que a empresa possuía menos de 10 empregados, mas esses tinham folha de ponto, e que nessa podia ser registrada toda a jornada laborada; que Reclamante laborava de segunda-feira a sexta-feira, de 09h00 às 18h00, com 1 hora de intervalo, e sábados, de 08h00 às 12h00; que as HE eventualmente laboradas eram devidamente quitadas nos contracheques; que a empresa não tinha qualquer conhecimento de possível assédio sofrido pela Reclamante, pois nunca houve qualquer reclamação nesse sentido. NADA MAIS.

Colhido depoimento de uma testemunha da Reclamante, esse afirmou que: laborou na Reclamada no período de 05.02.2017 a 15.10.2020, na mesma função que a Reclamante; que a Reclamante era constantemente assediada pelo gerente Reginaldo; que isso era de conhecimento geral na Reclamada, pois o gerente "dava em cima" da Reclamante na frente de todos; que já presenciou a Reclamante ser chamada de "gostosa" pelo gerente; que tais procedimentos vinham causando desconforto à Autora, pois era casada e moça muito honesta; que todos ficaram sabendo que a Reclamante pediu demissão por causa dos constantes assédios sofridos; que a Reclamada, à época, tinha 8 funcionários; que havia folha de ponto na empresa, mas o gerente não deixava que anotassem todos os horários laborados; que trabalhava de segunda-feira a sexta-feira, de 10h00 às 19h30, e 3 sábados por mês, de 10h00 às 16h45, sempre com 30 minutos de intervalo intrajornada; que depoente e Reclamante tinham mesmo horário de trabalho; que 1 vez por semana também competia à depoente limpar a loja, que isso ocorria com todos os vendedores e sempre aconteceu desde sua admissão. NADA MAIS.

As partes informaram que não havia outras provas a serem produzidas.

Razões finais orais remissivas, mantendo-se as partes inconciliáveis.

Leitura de sentença designada para o dia 10.09.2021, às 15h00.

OBS.: a prova não dispensa a elaboração do relatório.

SUGESTÃO DE ORDEM DE JULGAMENTO:

1. Direito intertemporal – nesse caso em que o CT iniciou antes da reforma trabalhista, devemos começar com tópico de direito intertemporal – falando que o direito material respeitará o período do CT e a lei vigente à cada época, e o direito processual observará a lei em vigor quando do ajuizamento da ação.
2. Gratuidade – deferir, com base no Art. 790, § 3º, CLT (esse, por ser móvel, pode ser julgado ao final após todos os pedidos) e porque apresentada a declaração de hipossuficiência.
3. Inépcia – Rejeitar ambas as alegações – do Art. 467, CLT porque o deferimento do pedido depende de ato da Reclamada em saber o que será ou não controvertido. Assim, não haveria como previamente a Reclamante liquidar o pedido / quanto á ausência de planilha, não há tal determinação na lei, sendo hipótese de mera estimativa dos valores.
4. Quitação geral – afastar com base na Súmula 330, TST e no Art. 477, § 2º, CLT.
5. Prescrição – como houve alegação de forma genérica "no que couber" – analisar a bienal e a quinquenal – rejeitar ambas.
6. Assédio sexual – normalmente começaríamos a analisar pela forma de dispensa; no entanto, o fundamento da conversão do pedido de demissão é justamente o alegado assédio sexual sofrido por parte do gerente. Assim, por questão de prejudicialidade, analisar esse pedido primeiro. Deferir, em virtude da prova testemunhal produzida. Quanto ao valor, tem que enquadrar na tarifação do Art. 223-G, CLT.
7. Nulidade pedido de demissão – em virtude da comprovação do assédio sexual fica claro que o pedido de demissão

não foi realizado de forma livre e espontânea – assim, a Reclamante consegue comprovar suas alegações. Deferir o pedido, declarar nulo o pedido de demissão, converter em dispensa sem justa causa – deferir aviso prévio (e retificação na CTPS para constar 29/10/2020), entrega de documentação para saque FGTS (responsabilizando-se a Reclamada pela integralidade dos depósitos, e acrescido da indenização compensatória de 40% (Lei 8.036/90, Art. 18, § 1º), sob pena de pagamento do equivalente em espécie, e documentação para levantamento do seguro-desemprego.

8. Indeferir multa do Art. 467, CLT, pela ausência de verbas rescisórias incontroversas/ Deferir o pedido de multa do Art. 477, § 6º c/c § 8º, CLT em razão da conversão do pedido de demissão em dispensa sem justa causa.

9. Acúmulo de função – julgar primeiro, pois há pedido de reflexo em HE – indeferir, pois ocorria de forma eventual e em sistema de rodízio com demais empregados.

10. Horas extras e intervalo – A reclamada alega ter menos de 20 empregados, e o ônus era dela de comprovar essa alegação, o que consegue comprovar pela confissão da Reclamante / No entanto, as provas demonstram que apesar disso, a reclamada tinha controle de frequência – então, é hipótese de aplicar a sumula 338, I, TST pela ausência de juntada. Assim, pelas provas produzidas, deveria fixar a jornada: 2ª f. a 6ª f. de 10h00 às 19h30 com 30 min e 2 sábados por mês, de 10h00 às 16h00 com 1 hora – deferir HE e reflexos para horas de segunda a sexta. Como o pedido se limita a 8h por dia, indeferir HE aos sábados, pois o limite não é ultrapassado / Intervalo até a reforma – 1 HE (de segunda a sexta) com 50% e reflexos, e após a reforma – 30 min (de segunda a sexta) com 50% sem reflexos / Julgar intervalo do sábado improcedente.

11. Salário família – deferir – Reclamante comprova preencher requisitos para deferimento, conforme documentos

anexados com a inicial / deferir sob forma de indenização por todo contrato de trabalho / também há espaço para indeferimento, pois não há provas de entrega da documentação à Reclamada.

12. Compensação – indeferir, pois reclamada não é credora de qualquer valor da Reclamante / conceder a dedução.
13. Honorários de sucumbência – ação ajuizada após a reforma – deferir 10% para os advogados de ambas as partes, sendo para o advogado da parte Autora sobre o que resultar da liquidação do pedido, e para o advogado da Reclamada sobre o proveito econômico por essa obtido, mas colocar em condição suspensiva de exigibilidade por 2 anos, nos termos da decisão do STF.
14. Leitura de sentença – partes cientes do prazo recursal – não determinar a intimação.

SUGESTÃO DE RESPOSTA:

Vistos etc.

RELATÓRIO

Luciana da Silva, devidamente qualificada, ajuizou em 21.05.2021, Reclamação Trabalhista em face de Moda Beleza LTDA., formulando, dentre outros, os pedidos de declaração de nulidade do pedido de demissão e sua conversão em dispensa sem justa causa e as verbas decorrentes, indenização por assédio sexual, e horas extraordinárias, instruída com documentos.

Atribuiu-se à causa o valor de R$ 79.000,00.

Conciliação recusada.

Defesa escrita, suscitando preliminares de inépcia da petição inicial e prejudiciais de mérito de quitação e prescrição, e no mérito requerendo a improcedência total dos pedidos.

Foram produzidas provas orais, ouvidas as partes em depoimento pessoal e uma testemunha da Reclamante.

Encerrada a instrução, sem mais provas.

Razões finais orais remissivas, permanecendo inconciliáveis as partes.

É O RELATÓRIO.

FUNDAMENTAÇÃO

DIREITO INTERTEMPORAL

As normas de direito material possuem aplicação imediata aos contratos de trabalho já firmados quando do advento da reforma trabalhista, pois que não se considera prejudicial a alteração advinda de lei.

Assim, com relação ao direito material deve ser levada em consideração a legislação vigente em cada época, respeitando-se o direito adquirido e o ato jurídico perfeito, na forma do Art. 5º, XXXVI da CRFB/88.

Já quanto ao direito processual deve ser observada a legislação em vigor quando do ajuizamento da presente ação, tendo em vista a Teoria do Isolamento dos Atos Processuais.

DA GRATUIDADE DE JUSTIÇA

Após a edição da Lei nº 13.467/2017 (reforma trabalhista), para a concessão de gratuidade de justiça, não basta apenas a simples declaração de hipossuficiência econômica, sendo preciso, como regra, a comprovação de recebimento de salário cujo valor seja até 40% do teto do benefício do Regime Geral de Previdência Social.

No caso em comento, o salário indicado na exordial é inferior a 40% do teto do benefício do RGPS e há nos autos declaração de hipossuficiência econômica.

Ademais, a parte Autora anexa à petição inicial a declaração de hipossuficiência, que possui presunção relativa de veracidade, na forma do Art. 99, § 3º do CPC (documento não impugnado pela parte Reclamada).

Assim, porque atendidos os requisitos fixados pelo § 3º (ou do § 4º, se for o caso) do art. 790 da CLT, defiro o requerimento de gratuidade de justiça à Autora.

DA INÉPCIA DA PETIÇÃO INICIAL

Não há que se falar em inépcia da petição inicial, uma vez que a mesma se encontra nos moldes determinados pelo Art. 840, CLT, não possuindo qualquer dos vícios descritos no Art. 330, *caput* e § 1º, CPC, de aplicação subsidiária ao Processo do Trabalho (Art. 769, CLT).

Quanto à ausência de apresentação de planilha de cálculos com a petição inicial, cabe dizer que a exigência contida no Art. 840, § 1º da CLT é de indicação de valores para os pedidos formulados, constituindo, conforme entendimento majoritário do TST, mera estimativa, e não havendo qualquer determinação legal de juntada de planilha de cálculos.

Portanto, não sendo necessária a apresentação de planilha, rejeito a preliminar.

No tocante à ausência de indicação do valor para a multa do Art. 467, CLT, não constitui incorreção da petição inicial, pois o montante a ser arbitrado depende de ato do Réu, que não é de conhecimento do Autor quando do ajuizamento a ação. Assim, apenas com a apresentação da defesa é que se terá conhecimento quanto a quais verbas foram controvertidas.

Desta forma, possível a realização de pedido genérico na forma do Art. 324, § 1º, III, CPC, de aplicação subsidiária autorizada pelo Art. 769, CLT.

Assim, rejeito a preliminar.

DA QUITAÇÃO

Em razão da redação do Art. 477, § 2º, CLT, bem como do entendimento consubstanciado na Súmula 330 do C. TST, o fato de não constar qualquer ressalva no TRCT não obstaculiza o ajuizamento de ação pleiteando as verbas que o empregado entende devidas.

Isto porque a quitação passada na rescisão se refere apenas aos valores das verbas descritas no TRCT acima mencionado, não alcançando outras verbas ou outros valores lá não descritos.

Assim, rejeito a prejudicial.

DA PRESCRIÇÃO BIENAL

Como a relação de emprego foi extinta em 20.09.2020 e a presente Reclamação Trabalhista foi ajuizada em 21.05.2021, não há que se falar na ocorrência da prescrição bienal, uma vez que respeitado o prazo de dois anos para ajuizamento da ação após a extinção do contrato de trabalho.

Assim, rejeito a prejudicial.

PRESCRIÇÃO QUINQUENAL

Não há que se falar em prescrição quinquenal, uma vez que a Reclamação Trabalhista foi ajuizada em 21.05.2021 e o contrato iniciado em 10.03.2018, não havendo, assim, período de tempo suficiente para a incidência da alegada prescrição.

Assim, rejeito a prejudicial.

DO ASSÉDIO SEXUAL

Na Justiça do Trabalho o deferimento de indenizações por danos à moral deve ser limitado às hipóteses em que a dignidade ou a personalidade do trabalhador restem realmente abaladas por algum ato do empregador ou de seus prepostos.

Isto porque não se deve banalizar um instituto tão importante cujo objetivo é coibir tais práticas vexatórias, devendo a indenização possuir caráter pedagógico, visto que deve se prestar a imputar ao empregador, autor de tal dano, um sentido de penalidade que o coíba proceder de tal forma.

E é justamente esse o caso dos autos, pois a testemunha da Reclamante é clara ao afirmar "que a Reclamante era constantemente assediada pelo gerente Reginaldo; que isso era de conhecimento geral na Reclamada, pois o gerente "dava em cima" da Reclamante na frente de todos; que já presenciou a Reclamante ser chamada de "gostosa" pelo gerente; que tais procedimentos vinham causando desconforto à Autora, pois era casada e moça muito honesta; que todos ficaram sabendo que a Reclamante pediu demissão por causa dos constantes assédios sofridos".

Cabalmente comprovados, portanto, os constantes assédios sofridos pela Reclamante, não podendo o Poder Judiciário corroborar com tal procedimento, que causou vexame e humilhação à Reclamante, especialmente porque os episódios ocorriam na presença dos demais empregados.

Portanto, julgo procedente o pedido de pagamento de indenização por assédio sexual, no valor de R$ 30.000,00, enquadrando a conduta da Reclamada (através de um de seus prepostos) como grave, e levando em consideração o parâmetro trazido pelo Art. 223-G, § 1º, III e os aspectos do Art. 223-G, *caput*, da CLT.

DA MODALIDADE DE DISPENSA

Como já julgado acima, ficaram comprovados os episódios de assédio sexual reiteradamente sofridos pela Reclamante, razão pela qual também comprovado que o pedido de demissão apresentado não foi realizado de forma livre e espontânea, mas como uma forma de encerrar a situação por ela vivenciada no ambiente de trabalho.

Assim, a Reclamante consegue se desincumbir de seu encargo probatório quanto ao alegado vício de consentimento, motivo pelo qual julgo procedente o pedido e declaro a nulidade do pedido de demissão e o converto em dispensa injusta.

Em decorrência, julgo procedentes os pedidos de pagamento de aviso prévio (39 dias), retificação da CTPS quanto à data de saída para constar dia 29.10.2020, entrega da documentação para saque do FGTS (responsabilizando-se a Reclamada pela integralidade dos depósitos, e acrescido da indenização compensatória de 40% (Lei 8.036/90, Art. 18, § 1º), sob pena de pagamento do equivalente em espécie, e documentação para levantamento do seguro-desemprego.

Improcede o pedido de pagamento da multa do Art. 467, CLT, uma vez que sobre todos os pedidos de verbas rescisórias pesava controvérsia.

Em razão da conversão da dispensa para sem justa causa, e como a Reclamada não quitou na integralidade as verbas devidas à Autora, julgo procedente o pedido de pagamento da multa do Art. 477, § 6º c/c § 8º, CLT.

DO ACÚMULO DE FUNÇÕES

Alega o Reclamante que faz jus à percepção de um plus salarial, pois, apesar além de vendedora, também exercia a função de auxiliar de serviços gerais.

O pleito não merece prosperar.

Não há em nosso ordenamento jurídico qualquer disposição que assegure a percepção de um plus salarial ao empregado que cumpra funções inerentes a cargos distintos. O referido acréscimo somente é devido quando houver previsão contratual ou normativa (art. 5º, II, CRFB/88).

Apenas em hipóteses excepcionais, como é o caso dos radialistas (Lei nº 6.615/78) – é que há previsão legal para pagamento de adicional decorrente de acúmulo de função.

Isso porque o salário fixado ao empregado mensalista, como é o caso da parte autora, é uma contraprestação pelo serviço prestado em razão do tempo à disposição do empregador e não em razão de cada tarefa desempenhada.

Na hipótese, não há fundamento legal, contratual ou normativo para o pleito.

Neste sentido está o entendimento jurisprudencial:

RECURSO DE REVISTA. ACÚMULO DE FUNÇÕES. DIFERENÇAS SALARIAIS.

O exercício de atividades diversas, compatíveis com a condição pessoal do trabalhador, não enseja o pagamento de diferença salarial por acúmulo de funções, estando remuneradas pelo salário todas as tarefas desempenhadas dentro da jornada de trabalho. Recurso de revista não conhecido. (TST – RR: 20805820115150114, Relator: Maria Helena Mallmann, Data de Julgamento: 13/05/2015, 5ª Turma, Data de Publicação: DEJT 22/05/2015)

ACÚMULO DE FUNÇÕES.

O exercício da função de atividades diversas, compatíveis com a condição pessoal do trabalhador e dentro do jus variandi da empresa, não enseja o pagamento de diferenças salariais por acúmulo de funções, restando remuneradas pelo próprio salário pactuado todas as tarefas desempenhadas dentro da jornada de trabalho. (TRT-1 – RO: 00108723120135010078 RJ, Relator: GUSTAVO TADEU ALKMIM, Data de Julgamento: 29/07/2015, Primeira Turma, Data de Publicação: 13/08/2015).

ACÚMULO DE FUNÇÕES. DIFERENÇA SALARIAL. IMPROCEDÊNCIA.

O empregado se obriga a todo e qualquer serviço compatível com a sua condição pessoal, não havendo extrapolação do jus variandi do empregador se as tarefas por ele cumpridas se inserem nos limites do seu contrato. Apelo da reclamada a que se dá provimento. (TRT-1 – RO: 00109891920135010079 RJ, Data de Julgamento: 07/03/2016, Terceira Turma, Data de Publicação: 21/03/2016).

Ademais, o serviço de limpeza ocorria de forma muito eventual, e em sistema de rodízio com os demais empregados.

Assim, não vislumbro qualquer incompatibilidade no exercício das funções desempenhadas pela parte autora, tornando-se imperiosa a aplicação do disposto no Art. 456 da CLT, in verbis: "a falta de prova ou inexistindo cláusula expressa a tal respeito, entender-se-á que o empregado se obrigou a todo e qualquer serviço compatível com a sua condição pessoal".

Face ao exposto, improcede o pedido de pagamento de diferenças salariais, bem como as demais projeções requeridas, visto que o acessório segue a sorte do principal – Art. 92, Código Civil.

DAS HORAS EXTRAORDINÁRIAS

Como a Reclamada alega possuir menos de 20 empregados em seu estabelecimento, a ela compete tal ônus da prova, na forma do Art. 818, II, CLT, encargo do qual se desincumbe em decorrência da confissão da Reclamante em depoimento pessoal.

No entanto, as provas demonstram que, apesar de a lei não exigir que a Reclamada tivesse controle de frequência, a empresa renunciou a tal faculdade e exigia que seus empregados anotassem suas jornadas. Desta forma, deveria ter trazido ao processo os controles de ponto da Autora, obrigação que não cumpriu.

A Reclamada ao não juntar os controles de pontos da Reclamante aos autos, e não apresentar qualquer justificativa para tanto, atrai para si o ônus de comprovar a jornada descrita na defesa, na forma da Súmula 338, I, C. TST. E a Reclamada não se desincumbe de seu encargo probatório, pois não realiza qualquer prova a seu favor.

Assim, com base nas provas produzidas, inclusive os limites impostos na petição inicial, a confissão da Reclamante e os parâmetros trazidos por sua testemunha, fixo à Reclamante a seguinte jornada: de segunda-feira a sexta-feira, de 10h00 às 19h30 com 30 minutos de intervalo intrajornada, e 2 sábados por mês, de 10h00 às 16h00, com 1 hora de intervalo intrajornada.

Julgo procedente o pedido de pagamento das horas extras trabalhadas, sendo estas as que ultrapassarem a oitava diária (conforme os limites do pedido), com acréscimo de 50%, de acordo com a jornada acima fixada, e sua projeção em RSR, aviso prévio, férias acrescidas de 1/3, 13º salários e FGTS acrescido da indenização compensatória de 40%.

Quando do pagamento devem ser levados em consideração os seguintes parâmetros: evolução salarial do Reclamante, divisor 220, exclusão das parcelas que não possuam caráter salarial, exclusão dos dias não laborados e aplicação dos adicionais legais.

Como o pedido se limita a horas extras acima da oitava diária, improcede o pedido de pagamento de HE aos sábados, pois o limite não é ultrapassado.

Quanto ao intervalo intrajornada, tendo em vista que, após o advento da Lei nº 13.467/2017 (reforma trabalhista), a não concessão do intervalo intrajornada implica pagamento de cunho indenizatório apenas do período de pausa suprimido (art. 71, § 4º, CLT) e porque a referida lei vigeu durante parte do vínculo em análise (a partir de 11/11/2017), decido:

De 10/03/2017 até 10/11/2017, julgo procedente 1 hora extra por dia de segunda-feira a sexta-feira pela supressão do intervalo intrajornada, acrescida do adicional de 50% (nos moldes da Súmula 437, I, do C. TST, sem qualquer dedução dos minutos usufruídos).

Em decorrência, improcede o pedido de projeção das horas extras em RSR, 13º salários, férias acrescidas de 1/3 e FGTS do período acrescido de 40%.

Incabível a projeção em aviso prévio, pois o período fixado acima não é contemporâneo ao término contratual.

De 11/11/2017 (após a edição da Lei 13.467/2017) até a extinção contratual, julgo procedente o pagamento da indenização substitutiva do intervalo intrajornada suprimido, ou seja, 30 minutos (de segunda-feira a sexta-feira) com acréscimo de 50%, conforme art. 71, § 4º da CLT.

Julgo improcedente o pedido de reflexos, face à natureza indenizatória atribuída à parcela (art. 71, § 4º, CLT).

Como nos dias de sábado a Reclamante já usufruía o intervalo de 1 hora, improcede o pedido.

DO SALÁRIO FAMÍLIA

Como a Reclamante comprova o preenchimento dos requisitos para recebimento do benefício ora requerido, conforme documentação anexada, julgo procedente o pedido de indenização substitutiva do salário família, referente a todo período contratual e no valor devido a cada época.

COMPENSAÇÃO

Não sendo a Reclamada credora de qualquer valor em face da Reclamante, rejeito o requerimento de compensação.

DOS HONORÁRIOS ADVOCATÍCIOS

Observada a sucumbência recíproca, com fundamento no artigo 791-A, § 3º da CLT, são devidos honorários de sucumbência na seguinte proporção: ao Réu o pagamento de honorários advocatícios ao patrono da parte reclamante no importe de 10% (dez por cento) sobre o valor que resultar da liquidação da sentença. De igual modo, a parte autora é devedora do pagamento de honorários advocatícios ao patrono da parte contrária no importe de 10% (dez por cento) sobre o valor dos pedidos julgados totalmente improcedentes. Vedada a compensação nos termos do art. 791-A, § 3º da CLT.

No entanto, como houve a concessão de gratuidade de justiça à parte autora, as obrigações decorrentes da sucumbência ficarão sob condição suspensiva de exigibilidade por 2 anos após o trânsito em julgado (art. 791-A, § 4º da CLT), nos termos da decisão exarada pelo STF no julgamento da ADI 5.766.

CORREÇÃO MONETÁRIA E JUROS

Considerando o efeito vinculante e a sua eficácia *erga omnes*, e nos termos da decisão do E. STF, determino aplicação do IPCA-E acrescido dos juros de mora até o ajuizamento da ação e, a partir daí, a SELIC – a qual englobará os juros e correção monetária, nos termos das ADCs 58 e 59.

IMPOSTO DE RENDA E CONTRIBUIÇÃO PREVIDENCIÁRIA

Os recolhimentos previdenciários e fiscais serão encargo da Reclamada, observados o teto de contribuição, a tabela de progressividade do imposto de renda, o regime de competência, bem como a natureza salarial das parcelas deferidas nesta decisão (nos termos do Art. 832, § 3º, CLT e Art. 28, Lei 8.212/91). Admitida, ainda, a retenção da cota-parte da Reclamante, e devendo-se observar a redação da Súmula 368, C. TST.

Não há que se falar em incidência de IR sobre os juros de mora, ante o caráter eminentemente indenizatório dessa verba.

DISPOSITIVO

ISTO POSTO, nos autos da Reclamação Trabalhista ajuizada por Luciana da Silva em face de Moda Beleza LTDA., decido Rejeitar as Preliminares de Inépcia, bem como as prejudiciais de quitação, prescrição bienal e prescrição quinquenal, e no mérito propriamente dito julgo PROCEDENTE EM PARTE, condenando a Reclamada ao pagamento de:

- Indenização por assédio sexual, no valor de R$ 30.000,00;
- Multa do Art. 477, § 6º c/c § 8º, CLT.
- Horas extras, sendo estas as que ultrapassarem a oitava diária (conforme os limites do pedido), com acréscimo de 50%, de acordo com a jornada acima fixada, e sua projeção em RSR, aviso prévio, férias acrescidas de 1/3, 13º salários e FGTS acrescido da indenização compensatória de 40%.
- De 10/03/2017 até 10/11/2017, 01 hora extra por dia de segunda-feira a sexta-feira pela supressão do intervalo intrajornada, acrescida do adicional de 50%, e projeção das horas extras em RSR, 13º salários, férias acrescidas de 1/3 e FGTS do período acrescido de 40%.
- De 11/11/2017 (após a edição da Lei 13.467/2017) até a extinção contratual, da indenização substitutiva do intervalo intrajornada suprimido, ou seja, 30 minutos (de segunda-feira a sexta-feira) com acréscimo de 50%.
- Indenização substitutiva do salário família, referente a todo período contratual e no valor devido a cada época.
- Observada a sucumbência recíproca, com fundamento no artigo 791-A, § 3º da CLT, são devidos honorários de sucumbência na seguinte proporção: ao Réu o pagamento de honorários advocatícios ao patrono da parte reclamante no importe de 10% (dez por cento) sobre o valor que resultar da liquidação da sentença. De igual modo, a parte autora é devedora do pagamento de honorários advocatícios ao patrono da parte contrária no importe de 10% (dez por cento) sobre

o valor dos pedidos julgados totalmente improcedentes. Vedada a compensação nos termos do art. 791-A, § 3º da CLT.

No entanto, como houve a concessão de gratuidade de justiça à parte autora, as obrigações decorrentes da sucumbência ficarão sob condição suspensiva de exigibilidade por 2 anos após o trânsito em julgado (art. 791-A, § 4º da CLT), nos termos da decisão exarada pelo STF no julgamento da ADI 5.766.

Deve a Reclamada retificar a CTPS da Autora quanto à data de saída para constar dia 29.10.2020, bem como entregar a documentação para saque do FGTS (responsabilizando-se a Reclamada pela integralidade dos depósitos, e acrescido da indenização compensatória de 40% (Lei 8.036/90, Art. 18, § 1º), sob pena de pagamento do equivalente em espécie, e a documentação para levantamento do seguro-desemprego.

Acresçam-se à condenação correção monetária e juros de mora.

Prazo de cumprimento de 08 dias.

Transitada em julgado a decisão deve a Reclamada comprovar nos autos o recolhimento da contribuição previdenciária incidente sobre as parcelas acima deferidas, tendo em vista sua natureza salarial ou indenizatória, de acordo com o Art. 28, § 9º, Lei nº 8.212/91, sob pena de execução.

Quando do pagamento ao credor deve ser retido o valor do imposto de renda devido e que deve ser recolhido pela parte Ré, não havendo incidência, no entanto, sobre parcelas indenizatórias e juros de mora.

Custas de R$ 1.000,00, calculadas sobre o valor atribuído à condenação de R$ 50.000,00, de acordo com o Art. 789, IV, CLT, pela Reclamada.

Sentença proferida e publicada em audiência. Partes cientes do prazo recursal.

Exercício número 2)

EXMO SR DR JUIZ DO TRABALHO DA ________ VARA DO TRABALHO DE XXXX

João da Silva trabalhou na empresa Vigilância e Segurança LTDA. no período de 03.10.2013 a 05.02.2021 (quando foi dispensado sem justa causa) na função de vigilante e com salário de R$ 2.000,00, e sempre prestando serviços ao Banco Grana S/A.

No desenvolvimento de suas atividades foi contratado para laborar em escala de 12x36, no horário de 07h00 às 19h00, mas sempre ficava até às 20h00 em virtude do atraso na rendição, e que tinha cerca de 30 minutos de intervalo para o almoço.

Tinha controle de frequência, mas nele não podia registrar a totalidade da jornada laborada. Além disso, nunca houve norma coletiva a amparar sua jornada em escala de 12x36, razão pela qual requer a declaração de nulidade da jornada estabelecida, bem como seu enquadramento na duração diária máxima de trabalho de 8 horas. Em decorrência, requer o pagamento das horas extras laboradas além da 8ª diária (além daquelas derivas da não concessão do intervalo intrajornada, no montante de 01 hora por dia de trabalho), bem como as devidas projeções de ambas nas verbas contratuais e rescisórias, inclusive RSR.

Apesar de laborar como vigilante, colocando sua vida em risco, nunca recebeu o adicional de periculosidade, conforme previsão no Art. 193, II, CLT, razão pela qual requer seu pagamento, na ordem de 30% sobre seu salário, e as projeções em aviso prévio, 13º salários, férias acrescidas de 1/3, horas extras e FGTS acrescido da indenização compensatória de 40%.

O Reclamante apesar de exercer a função de vigilante, sempre substituiu o supervisor Cláudio Teixeira nas férias, o que aconteceu nos meses de Janeiro de 2018 e 2019, sem, contudo, receber o mesmo salário deste. Assim, tendo o Reclamante substituído o referido supervisor integralmente em suas funções, faz jus às diferenças salariais decorrentes, nos meses acima mencionados, e suas projeções em aviso prévio, 13º salários, férias acrescidas de 1/3, horas extras e FGTS acrescido da indenização compensatória de 40%.

Como não recebeu as parcelas acima, requer seus pagamentos devidamente acrescidos da multa do Art. 467, CLT.

Como se percebe acima, o Reclamante não recebeu integralmente as verbas decorrentes do contrato de trabalho, quando da extinção contratual, motivo pelo qual faz jus ao pagamento da multa do Art. 477, § 6º c/c 8º, CLT.

Tendo em vista que o Reclamante sempre prestou serviços nas dependências das agências da Segunda Reclamante, inicialmente no Rio de janeiro, e por último em Nova Iguaçu, por certo que o Banco Grana S/A deve ser subsidiariamente condenado ao pagamento das verbas acima, na forma da Súmula 331, IV, TST, e pela Lei 6.019/74, Art. 5º-A, § 5º.

Pelos fatos acima expostos, requer pagamento das seguintes verbas, devendo a Primeira Reclamada ser condenada de forma principal e a Segunda Reclamada subsidiariamente:

a) Horas extras laboradas além da 8ª diária (além daquelas derivas da não concessão do intervalo intrajornada, no montante de 01 hora por dia de trabalho), bem como as devidas projeções de ambas nas verbas contratuais e rescisórias, inclusive RSR – R$ 15.000,00;

b) Adicional de periculosidade no valor de 30% sobre seu salário, e as projeções em aviso prévio, 13º salários, férias acrescidas de 1/3, horas extras e FGTS acrescido da indenização compensatória de 40% – R$ 10.000,00;

c) Multa do Art. 467, CLT;

d) Multa do Art. 477, § 6º c/c § 8º, CLT; – R$ 2.000,00;

e) Diferenças salariais decorrentes da substituição do supervisor pelo Reclamante, nos meses de Janeiro de 2018 e

2019, e suas projeções em aviso prévio, 13º salários, férias acrescidas de 1/3, horas extras e FGTS acrescido da indenização compensatória de 40% – R$ 8.000,00.

Requer, ainda, a concessão do benefício da gratuidade de justiça, pois afirma que não tem condições de pleitear perante essa Justiça sem prejuízo de seu sustento e de sua família (declaração em anexo).

Valor dado à causa de R$ 35.000,00

Rio de Janeiro, 05 de Abril de 2021.

ADV XXXX

OAB XXX

Documentos que acompanham a petição inicial:

- Declaração de hipossuficiência assinada por Reclamante e advogado;
- CTPS anotada com as informações contidas na exordial.

EXMO SR DR JUIZ DO TRABALHO DA XXXª VARA DO TRABALHO DE XXXX

Limpeza Urbana LTDA. apresenta defesa escrita suscitando Preliminar de Inépcia da Petição Inicial quanto ao pedido de pagamento da multa do Art. 467, CLT pela ausência de liquidação do pedido, e da petição inicial como um todo pela ausência de apresentação de planilha de cálculos, pois os valores apresentados são meramente aleatórios, não havendo a mínima descrição de como o Autor chegou aos mesmos, e ainda quanto ao pedido de diferenças salariais pelo salário substituição, pois o Reclamante não aponta o salário do empregado que alega ter substituído.

Argui, ainda, prejudicial de prescrição, no que couber.

No mérito propriamente dito, a Reclamada apresenta defesa nos seguintes termos:

1. O Reclamante nunca laborou em jornada extraordinária e sempre usufruiu 01 hora de intervalo intrajornada. Em verdade, nunca necessitou registrar seu ponto em controle de frequência, pois nas agências em que trabalhou apenas havia mais 3 empregados da Primeira Reclamada, hipótese em que os empregados estão dispensados de marcação de jornada, na forma do Art. 74, § 2º, CLT.

2. Além disso, o Reclamante sempre teve a amparar sua jornada em escala a previsão em seu contrato de trabalho, estando ciente, desde sua admissão, que tinha que laborar em escala de 12x36, no horário de 07h00 às 19h00, com 1 hora de intervalo, o que sempre foi cumprido sem extrapolação. Até porque a rendição da Reclamada sempre foi diligente, não precisando o empregado permanecer até depois do horário.

3. O Reclamante não faz jus ao requerido adicional de periculosidade, pois a norma coletiva da categoria sempre determinou pagamento de adicional de risco, que faz às vezes do adicional pretendido. Assim, a pretensão do Reclamante ensejaria *bis in idem*, motivo pelo qual a Reclamada pugna pela improcedência do pedido.

4. O Reclamante nunca substituiu o supervisor em seus períodos de férias. Quando um supervisor entra de férias, o procedimento da Reclamada é dividir suas tarefas pelos outros supervisores de área, razão pela qual o Reclamante, que sempre foi vigilante, jamais poderia ter desempenhado suas funções. Portanto, a improcedência é medida que se impõe.

5. Não havendo verbas rescisórias incontroversas, indevida a multa do Art. 467, CLT.

6. O Reclamante recebeu as verbas rescisórias dentro do prazo legal, conforme TRCT em anexo, motivo pelo qual indevida a multa do Art. 477, § 8º, CLT.

7. Requer a Reclamada que sejam compensadas as verbas porventura pagas sob idêntico título.
8. Caso ultrapassadas as preliminares arguidas, requer a improcedência total dos pedidos, bem como a condenação do Reclamante em honorários de sucumbência no valor a ser arbitrado pelo Juízo.

Rio de Janeiro, 05 de Agosto de 2021.

Adv YYYYY

OAB YYYYYY

Documentos que acompanham a defesa da Primeira Reclamada:

1. Norma coletiva da categoria dos períodos de 2012/2014, 2014/2016, 2016/2018, 2018/2020, 2020/2022, com previsao de pagamento de adicional de risco, no valor de 20% sobre o salário mensal.
2. Contracheques de todo período laborado com pagamento de HE com adicional de 50%, e adicional de risco, no valor de 20% sobre o salário mensal.
3. TRCT com pagamento das verbas rescisórias, devidamente assinado pelas partes, datado de 15.02.2021.
4. Contrato de trabalho assinado pelas partes com Cláusula contratual com previsão de jornada de 12x36.

EXMO SR DR JUIZ DO TRABALHO DA XXXXª VARA DO TRABALHO **DE XXXX**

Banco Grana S/A apresenta defesa escrita suscitando Preliminar de Ilegitimidade Passiva *ad causam* alegando ser parte ilegítima a figurar no processo, pois nunca foi empregadora do Reclamante.

Alega, em verdade, que manteve contrato de prestação de serviços com a Primeira Reclamada no período de Janeiro de 2015 a Janeiro de 2021, mas que o Reclamante nunca lhe prestou serviços em qualquer de suas agências. Assim, não tendo se beneficiado da prestação de serviços do Autor, não tem como ser condenada a qualquer pagamento decorrente de seu contrato de trabalho.

Quanto aos demais pleitos contidos na petição inicial, a Segunda Reclamada se reporta aos termos da defesa da Primeira Reclamada.

Caso ultrapassada a preliminar arguida, requer a improcedência total dos pedidos, bem como a condenação do Reclamante em honorários de sucumbência no valor a ser arbitrado pelo Juízo.

Rio de Janeiro, 05 de Agosto de 2021.

Adv YYYYY

OAB YYYYYY

Documentos que acompanham a defesa da Segunda Reclamada Reclamada:

1. Contrato de prestação de serviços e seus respectivos aditivos com vigência no período de Janeiro de 2015 a Janeiro de 2021.

No dia 05.08.2021, em audiência una, compareceram à audiência:

Reclamante acompanhado de seu advogado.

Primeira Reclamada ausente, presente seu advogado.

Segunda Reclamada presente, bem como seu advogado.

Conciliação recusada.

Inicialmente o Reclamante requer aplicação da revelia e confissão à Primeira Reclamada em razão da ausência da parte em audiência, o que será analisado quando da prolação de sentença.

O advogado da primeira Reclamada suscita, de forma oral, a Incompetência em razão do lugar, uma vez que o Reclamante, por último, prestou serviços em Nova Iguaçu, sendo, portanto, incompetente o Juízo da 20ª Vara do Trabalho do Rio de Janeiro para conciliar e julgar a lide.

O Reclamante se insurge quanto a tal requerimento, pois o Reclamante também prestou serviços no Município do Rio de Janeiro, só tendo permanecido na agência de Nova Iguaçu durante meses de Dezembro de 2018 e Janeiro de 2021, quando depois retornou à base da empresa Primeira Reclamada, onde permaneceu até a dispensa em Fevereiro de 2021.

Os fatos acima foram confirmados pelo advogado da Primeira Reclamada.

A exceção será analisada quando da prolação de sentença.

Defesas escritas com documentos, impugnando o Reclamante a alegação de que não existia controle de frequência, pois os empregados preenchiam tais documentos, ainda que de forma inidônea; pela ausência de juntada dos controles de frequência requer aplicação da Súmula 338, TST; que sempre prestou serviços à Segunda Reclamada, exceto no mês de fevereiro de 2021, quando retornou à base da Primeira Reclamada; que reconhece como suas as assinaturas no TRCT e no contrato de trabalho. No mais, reporta-se aos termos da inicial.

Colhido depoimento pessoal do Reclamante, afirma que: durante contrato de trabalho sempre prestou serviços à Segunda Reclamada, inicialmente no Rio de Janeiro, e nos últimos meses em Nova Iguaçu, que laborava em escala de 12x36, de 07h00 às 19h00, sendo que em cerca de 8 plantões por mês permanecia até às 20h00 aguardando a rendição; que enquanto a rendição não chegasse, o depoente não podia se ausentar da agência; que tinha cerca de 30 minutos de intervalo intrajornada; que cerca de 2 plantões por mês conseguia usufruir 1 hora de intervalo; que tinha folha de frequência, mas não podia registrar o horário corretamente por determinação do supervisor Cláudio; que substituiu esse supervisor em suas férias, o que aconteceu a partir de Janeiro de 2016 e em todos esses meses nos anos seguintes até a dispensa. NADA MAIS.

Dispensado depoimento do preposto da Segunda Reclamada.

Colhido depoimento de uma testemunha do Reclamante, esse afirmou que: laborou na Primeira Reclamada no período de 04.03.2014 a 30.01.2021, na mesma função que o Reclamante; que sempre prestou serviços na agência da Segunda Reclamada no Rio de Janeiro; que quando chegou à agência, o Reclamante já estava; que o Reclamante saiu da agência antes do depoente, mas não sabe dizer para aonde foi prestar serviços, que laborava em escala de 12x36, e fazia a rendição do Autor, que por vezes, e cerca de 7 plantões por mês, chegava cerca de 45 minutos atrasado, pois vinha de outro trabalho; que o atraso se dava em virtude do trânsito e Reclamante tinha que esperar o depoente chegar para sair; que não se recorda se havia controle de ponto. NADA MAIS.

Colhido depoimento de uma testemunha da Primeira Reclamada: (o ADVOGADO DO AUTOR SE INSURGE CONTRA TAL OITIVA EM RAZÃO DA REVELIA DA PRIMEIRA RECLAMADA. O JUIZ DECIDE MANTER A OITIVA, MAS TAL ALEGACAO SERÁ ANALISADA QUANDO DA PROLAÇÃO DA SENTENÇA. REGISTREM-SE OS PROTESTOS DO RECLAMANTE): que é supervisor na Primeira Reclamada desde sua admissão em Janeiro de 2015, que quando um supervisor entra de férias, outros ficam com suas tarefas; que isso apenas passou a acontecer a partir de 2018, que antes, o Reclamante, por ser um vigilante experiente e antigo, pode ter ficado no lugar de seu supervisor, Cláudio, quando das férias; que os funcionários da Primeira Reclamada marcam ponto na entrada e na saída; que não há labor em horas extras, e todos conseguem usufruir 1 hora de intervalo; que ia até local de trabalho do Reclamante apenas 1 vez por semana; que nem sempre era dia de escala do Reclamante; que esse laborava em escala de 12x36; que no último mês de contrato, antes da dispensa, o Reclamante retornou à base da Primeira Reclamada, no

Rio de Janeiro; que Reclamante prestou serviços em agências da Segunda Reclamada, no Rio de Janeiro e em Nova Iguaçu, mas não se recorda dos períodos. NADA MAIS

As partes informaram que não havia outras provas a serem produzidas.

Razões finais orais remissivas, reportando-se aos elementos dos autos, mantendo-se as partes inconciliáveis.

Leitura de sentença designada para o dia 06.09.2021, às 15h00.

SUGESTÃO DE ORDEM DE JULGAMENTO:

1. Direito Intertemporal – nesse caso em que o CT iniciou antes da reforma trabalhista, devemos começar com tópico de direito intertemporal – falando que o direito material respeitará o período do CT e a lei vigente à cada época, e o direito processual observará a lei em vigor quando do ajuizamento da ação.
2. Gratuidade de Justiça – conceder – tendo em vista a juntada de declaração de hipossuficiência econômica (por ser requerimento móvel pode ser analisado ao final, depois de todos os pedidos).
3. Protestos pela oitiva da testemunha da Primeira Reclamada – por ser questão saneadora deve ser analisada antes das preliminares. Deveria afastar os protestos com base *animus* de defesa da reclamada e em prestígio à ampla defesa.
4. Exceção de incompetência – cabe a análise antes das preliminares, pois se acolhida, não caberia mais qualquer análise do processo. Por isso, acaba tendo relação de prejudicialidade quanto aos demais aspectos processuais.

   Deveria ser afastada em virtude da preclusão e porque não respeitada a nova forma prevista no Art. 800, CLT. De qualquer forma, também seria rejeitada em seu mérito, pois o Reclamante prestou serviços no RJ, não havendo qualquer determinação de ajuizamento no último local de prestação de serviços.

5. Inépcia da Petição Inicial – quanto à ausência de planilha de cálculos, não há qualquer previsão legal nesse sentido, razão pela qual desnecessária a juntada quando do ajuizamento da ação; quanto à multa do Art. 467, CLT, rejeitar, pois se trata de pedido que depende de ato da reclamada em audiência, bem como suas alegações em defesa, a fim de saber o que seria ou não controvertido. Assim, não caberia liquidação prévia; por último, no tocante à ausência de indicação do salário do empregado substituído, as reclamadas conseguiram apresentar defesa plenamente e a questão do valor do salário pode ser sanada em execução.
6. Ilegitimidade passiva *ad causam* suscitada pela Segunda Reclamada – rejeitar com base da Teoria da Asserção.
7. Prescrição – como foi alegada "no que couber", cabe análise da bienal (afastar, tendo em vista data de extinção do CT em 05.02.2021 e ajuizamento em 05.04.2021), e da quinquenal (ajuizamento em 05.04.2021– marco temporal: 05.04.2016).
8. Revelia e Confissão – aplicar a revelia pela ausência da parte Primeira Reclamada, mas afastar a confissão pela nova redação do Art. 844, § 5º, CLT, tendo em vista o *animus* de defesa na contratação de advogado e apresentação de contestação. Haverá apenas confissão, no entanto, quanto a possíveis pedidos formalizados e não objeto de contestação, o que não ocorre no caso em tela.
9. Horas extras – apesar de a Primeira Reclamada possuir menos de 20 empregado por estabelecimento, as provas orais comprovam que havia marcação de jornada em controle de ponto. Assim, esse deveria ter sido juntado, motivo pelo qual se aplica a Súmula 338, I, TST, sendo ônus da Reclamada em comprovar a jornada, sob pena de presunção de veracidade daquela constante na inicial.

Com base nas provas produzidas, fixa-se a seguinte jornada: 12x36, de 07h00 às 19h00, sendo que em 7 plantões por mês, até às 19h45, e intervalo de 30 minutos (exceto em 2 plantões por mês, em que conseguia usufruir 1 hora).

Quanto à nulidade de jornada de 12x36, observe-se que não há norma coletiva amparando, o que se mostrava necessário até a reforma trabalhista e também durante a vigência da MP 818. Para período posterior é válida a mera previsão em CT, conforme Art. 59-A, CLT.

Assim, deferir nulidade da jornada de 12x36 até final da vigência da MP 818, razão pela qual para o período deferir HE a partir da 8ª diária e projeções – divisor 220.

Para período posterior, deferir HE a partir da 192ª mensal, pela validade da jornada de 12x36 e projeções – divisor 192.
Quanto ao intervalo, indeferir em 2 plantões por mês, e deferir a totalidade de 1 hora e com natureza salarial e reflexos, no período anterior à reforma trabalhista, e conforme os plantões acima fixados. Para período posterior à reforma, deferir 30 minutos com acréscimo de 50%, sem natureza salarial, e sem reflexos.

10. Salário substituição – entendemos pelo indeferimento, pois o ônus é do Reclamante, e sua testemunha nada disse. Além disso, a testemunha da Reclamada apenas fala de uma possibilidade, sem ser firme quanto á possível substituição. Não havendo certeza quanto à substituição, indefiro o pedido, bem como seus reflexos nas demais parcelas.

Mas com base nessa incerteza poderia haver espaço para deferimento, em razão de indício de prova. Nesse caso, seriam devidas as diferenças salariais entre Reclamante e supervisor, nos meses de janeiro de 2018 e 2019, a título de salário substituição, e os reflexos nos períodos (exceto aviso prévio, pois se refere a período em que não ocorrida a substituição). Nesse caso, deixar claro que os valores serão apurados com documentos a serem anexados em execução.

11. Adicional de periculosidade – devido na forma do Art. 193, II, CLT, mas com a devida compensação do adicional de risco já recebido conforme Art. 193, § 3º, CLT.

    Como recebia 20%, deferir apenas 10% de diferença e reflexos requeridos.

12. Multa Art. 467, CLT – indeferir, já que não há verbas rescisórias incontroversas.

13. Multa Art. 477, CLT – indeferir, pois pagamento das verbas se deu dentro do prazo legal, e porque não autorizado deferimento apenas com base em possíveis diferenças devidas.

14. Responsabilidade Subsidiária – a Segunda Reclamada nega a prestação de serviços, mas a testemunha do Reclamante confirma o trabalho do Autor em favor da tomadora de serviços e a testemunha da Reclamada confirma a prestação no RJ e em Nova Iguaçu. Assim, deferir a responsabilidade subsidiária da Segunda Reclamada, mas apenas durante o período em que se beneficiou do trabalho do Autor, qual seja do período imprescrito até Janeiro de 2021, quando Reclamante retornou à base da Primeira Reclamada (conforme consta da ata de audiência).

15. Honorários advocatícios – como sugestão de valor: ação ajuizada após a reforma – Honorários de sucumbência – ação ajuizada após a reforma – deferir 10% para os advogados de ambas as partes, sendo para o advogado da parte Autora sobre o que resultar da liquidação do pedido, e para o advogado da Reclamada sobre o proveito econômico por essa obtido, mas colocar em condição suspensiva de exigibilidade por 2 anos, nos termos da decisão do STF.

16. Compensação – afastar, pois Reclamante não é credor da Reclamada.

17. Custas pelas reclamadas.
18. Sentença proferida e publicada em audiência. Partes cientes do prazo recursal.

SUGESTÃO DE MODELO DE RESPOSTA:

RELATÓRIO

João da Silva, devidamente qualificado, ajuizou em 5 de abril de 2021, Reclamação Trabalhista em face de Vigilância e Segurança LTDA. e Banco Grana S/A, formulando, dentre outros, os pedidos de horas extraordinárias, adicional de periculosidade e salário substituição, instruída com documentos.

Atribuiu-se à causa o valor de R$ 35.000,00.

Conciliação recusada.

Defesas escritas pelas Reclamadas, sendo que pela Primeira Reclamada suscitando preliminares de inépcia da petição inicial e prejudicial de mérito de prescrição, e pela Segunda Reclamada suscitando preliminar de ilegitimidade passiva, e ambas, no mérito, requerendo a improcedência total dos pedidos.

Em audiência, a primeira reclamada não compareceu, e a parte Autora requereu aplicação da revelia e da confissão.

O advogado da Primeira Reclamada suscitou oralmente a Exceção de Incompetência em razão do lugar pelas razões contidas na ata de audiência.

Foram produzidas provas orais, ouvido o Reclamante em depoimento pessoal, bem como testemunha do Reclamante e uma da Primeira Reclamada.

Encerrada a instrução, sem mais provas.

Razões finais orais remissivas, permanecendo inconciliáveis as partes.

É O RELATÓRIO.

FUNDAMENTAÇÃO

DIREITO INTERTEMPORAL

As normas de direito material possuem aplicação imediata aos contratos de trabalho já firmados quando do advento da reforma trabalhista, pois que não se considera prejudicial a alteração advinda de lei.

Assim, com relação ao direito material deve ser levada em consideração a legislação vigente em cada época, respeitando-se o direito adquirido e o ato jurídico perfeito, na forma do Art. 5º, XXXVI da CRFB/88.

Já quanto ao direito processual deve ser observada a legislação em vigor quando do ajuizamento da presente ação, tendo em vista a Teoria do Isolamento dos Atos Processuais.

DA GRATUIDADE DE JUSTIÇA

Após a edição da Lei nº 13.467/2017 (reforma trabalhista), para a concessão de gratuidade de justiça, não basta apenas a simples declaração de hipossuficiência econômica, sendo preciso, como regra, a comprovação de recebimento de salário cujo valor seja até 40% do teto do benefício do Regime Geral de Previdência Social.

No caso em comento, o salário indicado na exordial é inferior a 40% do teto do benefício do RGPS e há nos autos declaração de hipossuficiência econômica.

Ademais, a parte Autora anexa à petição inicial a declaração de hipossuficiência, que possui presunção relativa de veracidade, na forma do Art. 99, § 5º do CPC (documento não impugnado pela parte Reclamada).

Portanto, por preenchidos os requisitos legais, defiro o requerimento de gratuidade de justiça.

DOS PROTESTOS PELA OITIVA DA TESTEMUNHA DA PRIMEIRA RECLAMADA

Apesar da ausência da primeira reclamada à audiência, e consequente requerimento de revelia e confissão, o Juízo, como condutor do processo, na forma do Art. 765, CLT, entendeu por deferir a oitiva da testemunha trazida pela parte, o que lhe é facultado.

Ademais, tal procedimento tem como base *animus* de defesa da reclamada e em prestígio à ampla defesa.

Portanto, rejeito os protestos.

DA EXCEÇÃO DE INCOMPETÊNCIA EM RAZÃO DO LUGAR

Após a Reforma Trabalhista, a exceção de incompetência em razão do lugar possui procedimento e prazos especiais a serem observados, na forma do Art. 800 e seus parágrafos, CLT, o que não foi respeitado pela Primeira Reclamada, operando-se, assim, a preclusão.

Ainda que assim não fosse, no mérito a exceção seria rejeitada, vez que o Reclamante também prestou serviços no RJ, não havendo qualquer determinação de ajuizamento no último local de prestação de serviços.

Desta forma, rejeito.

DA INÉPCIA DA PETIÇÃO INICIAL

Não há que se falar em inépcia da petição inicial, uma vez que a mesma se encontra nos moldes determinados pelo Art. 840, CLT, não possuindo qualquer dos vícios descritos no Art. 330, *caput* e § 1º, CPC, de aplicação subsidiária ao Processo do Trabalho (Art. 769, CLT).

Quanto à ausência de apresentação de planilha de cálculos com a petição inicial, cabe dizer que a exigência contida no Art. 840, § 1º da CLT é de indicação de valores para os pedidos formulados, constituindo, conforme entendimento majoritário do TST, mera estimativa, e não havendo qualquer determinação legal de juntada de planilha de cálculos.

No tocante à ausência de indicação do valor para a multa do Art. 467, CLT, não constitui incorreção da petição inicial, pois o montante a ser arbitrado depende de ato do Réu, que não é de conhecimento do Autor quando do ajuizamento a ação. Assim, apenas com a apresentação da defesa é que se terá conhecimento quanto a quais verbas foram controvertidas.

Desta forma, possível a realização de pedido genérico na forma do Art. 324, § 1º, III, CPC, de aplicação subsidiária autorizada pelo Art. 769, CLT.

Por derradeiro, no que se refere à ausência de indicação do salário do empregado substituído, as reclamadas conseguiram apresentar defesa plenamente e a questão do valor do salário pode ser sanada em execução.

Assim, por todos os aspectos, rejeito a preliminar.

DA ILEGITIMIDADE PASSIVA *AD CAUSAM*

O simples fato de a Reclamada ser apontada como devedora da relação jurídica de direito material, já a faz legítima para figurar no polo passivo da relação jurídica de direito processual, tendo em vista a utilização da Teoria da Asserção.

Assim, o fato de ser devedora ou não é caso a ser analisado no mérito, sendo hipótese de procedência ou improcedência.

Desta forma, rejeito a preliminar.

DA PRESCRIÇÃO BIENAL

Como a relação de emprego foi extinta em 05.02.2021 e a presente Reclamação Trabalhista foi ajuizada em 05.04.2021, não há que se falar na ocorrência da prescrição bienal, uma vez que respeitado o prazo de dois anos para ajuizamento da ação após a extinção do contrato de trabalho.

Assim, rejeito a prejudicial.

DA PRESCRIÇÃO QUINQUENAL

Tendo em vista o ajuizamento da presente Reclamação em 05.04.2021, acolho a arguição para declarar a inexigibilidade das pretensões porventura deferidas nesta sentença anteriores a 05.04.2016, de acordo com o Art. 7º, XXIX, CRFB/88 e Art. 11, CLT.

DA REVELIA E CONFISSÃO QUANTO À MATÉRIA DE FATO

Porque ausente a Primeira Reclamada à audiência, sem qualquer justificativa, aplico a revelia, mas afasto a confissão pela nova redação do Art. 844, § 5º, CLT, tendo em vista o *animus* de defesa na contratação de advogado e apresentação de contestação.

A aplicação acima será contrastada com as demais provas produzidas no processo.

DAS HORAS EXTRAORDINÁRIAS

Como a Reclamada alega possuir menos de 20 empregados em seu estabelecimento, a ela compete tal ônus da prova, na forma do Art. 818, II, CLT, encargo do qual não se desincumbe, pois não há provas nesse sentido.

De qualquer forma, a testemunha da Primeira Reclamada confirma que os funcionários marcavam ponto, motivo pelo qual a empresa deveria ter trazido ao processo os controles de ponto do Autor, obrigação que não cumpriu.

A Primeira Reclamada ao não juntar os controles de pontos do Reclamante aos autos, e não apresentar qualquer justificativa para tanto, atrai para si o ônus de comprovar a jornada descrita na defesa, na forma da Súmula 338, I, C. TST. E a Reclamada não se desincumbe de seu encargo probatório, pois não realiza qualquer prova a seu favor.

Assim, com base nas provas produzidas, inclusive os limites impostos na petição inicial, a confissão da Reclamante e os parâmetros trazidos pelas testemunhas, fixo ao Reclamante a seguinte jornada: de 07h00 às 19h00, em escala de 12x 36, sendo que em 7 plantões por mês até às 19h45, e intervalo de 30 minutos (exceto em 2 plantões por mês, em que conseguia usufruir 1 hora).

Quanto à nulidade de jornada de 12x36, observe-se que não há norma coletiva amparando, o que se mostrava necessário até a reforma trabalhista e também durante a vigência da MP 818. Para período posterior à Reforma Trabalhista é válida a mera previsão em contrato de trabalho, conforme Art. 59-A, CLT.

Assim, do período imprescrito até o final da vigência da MP 818, considero nula a jornada de 12x36, razão pela qual julgo procedente o pedido de pagamento das horas extras trabalhadas, sendo estas as que ultrapassarem a oitava diária (conforme os limites do pedido), com acréscimo de 50%, de acordo com a jornada acima fixada, e sua projeção em RSR, férias acrescidas de 1/3, 13º salários e FGTS acrescido da indenização compensatória de 40%.

Em virtude do período não ser anterior ao da dispensa, improcede a projeção em aviso prévio.

Para período posterior ao acima delimitado, e pela validade da escala de 12x36, julgo procedente o pedido de pagamento das horas extras trabalhadas, sendo estas as que ultrapassarem a 192ª mensal, com acréscimo de 50%, de acordo com a jornada já fixada, e sua projeção em RSR, aviso prévio, férias acrescidas de 1/3, 13º salários e FGTS acrescido da indenização compensatória de 40%.

Quando do pagamento devem ser levados em consideração os seguintes parâmetros: evolução salarial do Reclamante, divisor 220 do período imprescrito até o final da vigência da MP 818, e a partir de então o divisor 192, exclusão das parcelas que não possuam caráter salarial, exclusão dos dias não laborados e aplicação dos adicionais legais.

Quanto ao intervalo intrajornada, tendo em vista que, após o advento da Lei nº 13.467/2017 (reforma trabalhista), a não concessão do intervalo intrajornada implica pagamento de cunho indenizatório apenas do período de pausa suprimido (art. 71, § 4º, CLT) e porque a referida lei vigeu durante parte do vínculo em análise (a partir de 11/11/2017), decido:

De 05.04.2016 até 10/11/2017, julgo procedente 1 hora extra por dia laborado, observada a escala de 12x36, pela supressão do intervalo intrajornada, acrescida do adicional de 50% (nos moldes da Súmula 437, I, do C. TST, sem qualquer dedução dos minutos usufruídos).

Em decorrência, julgo procedente o pedido de projeção das horas extras em RSR, 13º salários, férias acrescidas de 1/3 e FGTS do período acrescido de 40%.

Incabível a projeção em aviso prévio, pois o período fixado acima não é contemporâneo ao término contratual.

De 11/11/2017 (após a edição da Lei 13.467/2017) até a extinção contratual, julgo procedente o pagamento da indenização substitutiva do intervalo intrajornada suprimido, ou seja, 30 minutos por dia laborado, observada a escala de 12x36, com acréscimo de 50%, conforme art. 71, § 4º da CLT.

Julgo improcedente o pedido de reflexos, face à natureza indenizatória atribuída à parcela (art. 71, § 4º, CLT).

Como em dois plantões por mês o Reclamante usufruía 1 hora de intervalo intrajornada, para esses dias, improcede o pedido.

DO SALÁRIO SUBSTITUIÇÃO

Como a Primeira Reclamada afirma que o Reclamante nunca substituiu o supervisor, e constituindo essas alegações mera negativa ao fato constitutivo do direito da parte Autora, acaba sendo desta o ônus de comprovar suas alegações, conforme Art. 818, I, CLT.

E entendo que a parte Autora não tenha se desincumbido de seu encargo probatório, pois sua testemunha nada disse a respeito, e a testemunha da Primeira Reclamada apenas fala de mera possibilidade, não sendo assertiva quanto à efetiva substituição.

Assim, entendo por não comprovadas as alegações autorais, motivo pelo qual julgo improcedente o pedido, e seus reflexos nas demais verbas.

DO ADICIONAL DE PERICULOSIDADE

O Reclamante pleiteia o pagamento de adicional de periculosidade durante todo o contrato de trabalho ao fundamento de que sempre exerceu função perigosa.

A Ré refuta o pedido, postulando a improcedência da pretensão, pois as normas coletivas aplicadas à categoria já previam pagamento de adicional de risco, que era devidamente pago pela empresa, o que ficou comprovado pelos contracheques juntados com a defesa.

No entanto, o adicional de periculosidade previsto na Art. 193, II, e § 1º, CLT é no valor de 30% do salário do trabalhador, e não apenas dos 20% pagos a título de adicional de risco, sendo o Autor credor da diferença, na forma do Art. 193, § 3º, CLT.

Assim, julgo procedente o pedido de pagamento da diferença de 10% a título de adicional de periculosidade, a incidir sobre o salário do Autor, bem como as projeções em aviso prévio, férias acrescidas de 1/3, 13º salários e FGTS acrescido da indenização compensatória de 40%.

Improcede a projeção no RSR, sob pena de *bis in idem*.

DAS MULTAS

Quanto ao pedido de pagamento da multa Art. 467, CLT, julgo improcedente, pois não há há verbas rescisórias incontroversas.

No tocante ao pedido de pagamento da multa do Art. 477, § 6º c/ c § 8º, CLT, também julgo improcedente, pois há comprovação do pagamento das verbas rescisórias dentro do prazo legal, conforme TRCT juntado com a defesa da primeira Reclamada.

DA RESPONSABILIDADE SUBSIDIÁRIA

Em defesa, o Segundo Réu nega a prestação de serviços por parte do Reclamante a seu favor.

Assim, competirá ao Reclamante comprovar a prestação de serviços em favor da Segunda Reclamada, na forma do Art. 818, I, CLT, encargo do qual se desincumbiu, pois a testemunha Reclamante confirma o trabalho do Autor em favor da tomadora de serviços e a testemunha da Reclamada confirma a prestação no RJ e em Nova Iguaçu.

Como isto ficou comprovado, tenho a Segunda Reclamada como tomadora de serviços do Reclamante, já que enquadrado na hipótese de terceirização de seus serviços e através da Primeira Ré.

Evidenciado o descumprimento de obrigações por parte da contratada (Primeira Reclamada), como os créditos trabalhistas deferidos nesta decisão, impõe-se a responsabilização subsidiária da contratante (Segunda Reclamada), como decorrência de ter se despido de seu dever principal, que seria a contratação direta com vínculo de emprego, passando a contratar por firma interposta. Torna-se, assim, vulnerável a responder pelas verbas que a devedora principal não arcar.

Ressalto que a responsabilidade ora tratada tem por fundamento o risco gerado pela terceirização, sobrevindo da circunstância de alguém se beneficiar da prestação de um serviço, mas não se responsabilizar pelos respectivos encargos trabalhistas.

Nesse sentido, não se pode desconsiderar que, para o trabalhador terceirizado, muitas das alterações trazidas pela Lei nº 13.429/2017 denotam garantias e melhorias, como quando definem as responsabilidades do tomador, ainda que na repetição do que contido na Súmula 331, IV, TST.

Assim, em virtude do contrato acima mencionado, tenho a Segunda Reclamada como contratante dos serviços do Reclamante, já que enquadrada na hipótese de terceirização de seus serviços e através da Primeira Reclamada, com a responsabilidade prevista no Art. 5º-A, § 5º, da Lei nº 6.019/1974:

"§ 5º A empresa contratante é subsidiariamente responsável pelas obrigações trabalhistas referentes ao período em que ocorrer a prestação de serviços, e o recolhimento das contribuições previdenciárias observará o disposto no art. 31 da Lei nº 8.212, de 24 de julho de 1991".

Note-se que o respectivo § 5º, do Art. 5º-A, com igual correspondência no acrescido parágrafo 7º do artigo 10, acabou por regular o que antes estava contido na Súmula 331/TST quanto ao grau de responsabilidade do tomador dos serviços terceirizados, inclusive quanto à delimitação do período em relação ao qual foram prestados os serviços intermediados.

Desta forma, como se percebe pela condenação acima deferida, a Primeira Reclamada não pagou corretamente o Reclamante, e, sendo assim, julgo procedente o pedido para condenar a Segunda Reclamada, de forma subsidiária, na forma do § 5º, Art. 5º-A, da Lei nº 6.019/1974 e da Súmula 331, IV, C. TST, pelos créditos trabalhistas deferidos nesta decisão.

Quanto à delimitação temporal deve-se verificar que a prestação de serviços do Autor a favor da Segunda Reclamada se deu no período imprescrito até Janeiro de 2021, quando Reclamante retornou à base da Primeira Reclamada (conforme consta da ata de audiência) – período esse referente à responsabilidade subsidiária da empresa.

Não há verbas de caráter personalíssimo da Primeira Ré.

COMPENSAÇÃO

Não sendo a Reclamada credora de qualquer valor em face da Reclamante, rejeito o requerimento de compensação.

DOS HONORÁRIOS ADVOCATÍCIOS

Observada a sucumbência recíproca, com fundamento no artigo 791-A, § 3º da CLT, são devidos honorários de sucumbência na seguinte proporção: ao Réu o pagamento de honorários advocatícios ao patrono da parte reclamante no importe de 10% (dez por cento) sobre o valor que resultar da liquidação da sentença. De igual modo, a parte autora é devedora do pagamento de honorários advocatícios ao patrono da parte contrária no importe de 10% (dez por cento) sobre o valor dos pedidos julgados totalmente improcedentes. Vedada a compensação nos termos do art. 791-A, § 3º da CLT.

No entanto, como houve a concessão de gratuidade de justiça à parte autora, as obrigações decorrentes da sucumbência ficarão sob condição suspensiva de exigibilidade por 2 anos após o trânsito em julgado (art. 791-A, § 4º da CLT), nos termos da decisão exarada pelo STF no julgamento da ADI 5.766.

CORREÇÃO MONETÁRIA E JUROS

Considerando o efeito vinculante e a sua eficácia *erga omnes*, e nos termos da decisão do E. STF, determino aplicação do IPCA-E acrescido dos juros legais até o ajuizamento da ação e, a partir daí, a SELIC – a qual englobará os juros e correção monetária, nos termos das ADCs 58 e 59.

IMPOSTO DE RENDA E CONTRIBUIÇÃO PREVIDENCIÁRIA

Os recolhimentos previdenciários e fiscais serão encargo da Reclamada, observados o teto de contribuição, a tabela de progressividade do imposto de renda, o regime de competência, bem como a natureza salarial das parcelas deferidas nesta decisão (nos termos do Art. 832, § 3º, CLT e Art. 28, Lei 8.212/91). Admitida, ainda, a retenção da cota-parte da Reclamante, e devendo-se observar a redação da Súmula 368, C. TST.

Não há que se falar em incidência de IR sobre os juros de mora, ante o caráter eminentemente indenizatório dessa verba.

DISPOSITIVO

ISTO POSTO, nos autos da Reclamação Trabalhista ajuizada por João da Silva em face de Vigilância e Segurança LTDA. e Banco Grana S/A, decido Rejeitar os protestos suscitados, bem como a Exceção de incompetência em razão do lugar, rejeito as Preliminares de Inépcia e Ilegitimidade Passiva *ad causam*, bem como a prejudicial de prescrição bienal, acolho a prejudicial de prescrição quinquenal declarar a inexigibilidade das pretensões porventura deferidas nesta sentença anteriores a 05.04.2016, e no mérito propriamente dito julgo PROCEDENTE EM PARTE, condenando a Primeira Reclamada de forma principal e a Segunda Reclamada de forma Subsidiária (sendo esta limitada ao período imprescrito até Janeiro de 2021) ao pagamento de:

- Horas extras, sendo estas as que ultrapassarem a oitava diária (conforme os limites do pedido), do período imprescrito até o final da vigência da MP 818, em virtude da nulidade a jornada de 12x36, com acréscimo de 50%, de acordo com a jornada fixada, e sua projeção em RSR, férias acrescidas de 1/3, 13º salários e FGTS acrescido da indenização compensatória de 40%.

- Horas extras, para o período posterior ao acima delimitado, em virtude da validade da escala de 12x36, sendo estas as que ultrapassarem a 192ª mensal, com acréscimo de 50%, de acordo com a jornada já fixada, e sua projeção em RSR, aviso prévio, férias acrescidas de 1/3, 13º salários e FGTS acrescido da indenização compensatória de 40%.
- De 05.04.2016 até 10/11/2017, defiro 1 hora extra por dia laborado, observada a escala de 12x36, pela supressão do intervalo intrajornada, acrescida do adicional de 50% (nos moldes da Súmula 437, I, do C. TST, sem qualquer dedução dos minutos usufruídos), e projeção das horas extras em RSR, 13º salários, férias acrescidas de 1/3 e FGTS do período acrescido de 40%.
- De 11/11/2017 (após a edição da Lei 13.467/2017) até a extinção contratual, defiro o pagamento da indenização substitutiva do intervalo intrajornada suprimido, ou seja, 30 minutos por dia laborado, observada a escala de 12x36, com acréscimo de 50%.
- Da diferença de 10% a título de adicional de periculosidade, a incidir sobre o salário do Autor, bem como as projeções em aviso prévio, férias acrescidas de 1/3, 13º salários e FGTS acrescido da indenização compensatória de 40%.
- Observada a sucumbência recíproca, com fundamento no artigo 791-A, § 3º da CLT, são devidos honorários de sucumbência na seguinte proporção: ao Réu o pagamento de honorários advocatícios ao patrono da parte reclamante no importe de 10% (dez por cento) sobre o valor que resultar da liquidação da sentença. De igual modo, a parte autora é devedora do pagamento de honorários advocatícios ao patrono da parte contrária no importe de 10% (dez por cento) sobre o valor dos pedidos julgados totalmente improcedentes. Vedada a compensação nos termos do art. 791-A, § 3º da CLT.

No entanto, como houve a concessão de gratuidade de justiça à parte autora, as obrigações decorrentes da sucumbência ficarão sob condição suspensiva de exigibilidade por 2 anos após o trânsito em julgado (art. 791-A, § 4º da CLT), nos termos da decisão exarada pelo STF no julgamento da ADI 5.766.

Acresçam-se à condenação correção monetária e juros de mora.

Prazo de cumprimento de 8 dias.

Transitada em julgado a decisão deve a Reclamada comprovar nos autos o recolhimento da contribuição previdenciária incidente sobre as parcelas acima deferidas, tendo em vista sua natureza salarial ou indenizatória, de acordo com o Art. 28, § 9º, Lei nº 8.212/91, sob pena de execução.

Quando do pagamento ao credor deve ser retido o valor do imposto de renda devido e que deve ser recolhido pela parte Ré, não havendo incidência, no entanto, sobre parcelas indenizatórias e juros de mora.

Custas de R$ 600,00, calculadas sobre o valor atribuído à condenação de R$ 30.000,00, de acordo com o Art. 789, IV, CLT, pelas Reclamadas.

Sentença proferida e publicada em audiência. Partes cientes do prazo recursal.

Exercício número 3)

Ana Santos, por seu advogado particular, ajuizou em 21.01.2020, perante a 20ª Vara do Trabalho do Rio de Janeiro (RJ), ação trabalhista em face de Artigos para Festas LTDA., fazendo, em resumo, as alegações a seguir descritas.

A reclamante afirma que trabalhou para a reclamada a partir de 09.01.2017, na função de gerente de loja, conforme anotação em sua CTPS, e até 18.01.2018.

Alega que trabalhava das 10h00 às 20h00, de segunda-feira a sábado, com cerca de 20 minutos de intervalo intrajornada. Que durante todo contrato de trabalho não podia marcar corretamente sua frequência, pois nunca foi dada a possibilidade de possuir controles de frequência, sob alegação do exercício da função de gerência. Requer, assim, o pagamento de horas extras, conforme jornada acima, e sua projeção nas verbas contratuais e rescisórias.

Afirma, ainda, que em 18 de janeiro de 2018 foi dispensada por justa causa (quando recebia salário de R$ 3.000,00), com baixa em sua CTPS, mas sem qualquer pagamento das verbas decorrentes da extinção contratual, e sob alegação de que teria deixado funcionários irem embora sem que passassem pela revista, da qual era responsável.

No entanto, após tal procedimento durante todo contrato de trabalho, por determinação do sócio da Reclamada, Sr. João, a Reclamante deixou de fazê-lo por sofrer constantes ameaças de processos dos demais funcionários. Essas revistas ocorriam todos os dias ao final do expediente, e, por determinação do referido sócio, a Reclamante deveria revistar não apenas bolsas e sacolas, como também bolsos e sapatos.

A Reclamante sempre se sentiu mal em fazer tal procedimento com colegas de trabalho, relatava isso constantemente ao sócio, mas era obrigada a tanto para que pudesse manter seu emprego (inclusive sofria ameaça de dispensa caso não o fizesse). No entanto, após a última revista ocorrida no dia anterior em que uma funcionária ameaçou ir à delegacia para "dar queixa" da Autora, essa não mais se sujeitou às determinações do sócio, recusou-se em fazer a revista do dia 18.01 e no final do seu dia de trabalho foi dispensada por justa causa.

Assim, requer pagamento das verbas rescisórias decorrentes da dispensa injusta (e entrega de guias para liberação do FGTS e seguro desemprego), bem como a incidência sobre essas da multa do Art. 467, CLT.

Em virtude da constante ameaça de dispensa, a Reclamante se sentiu constrangida durante todo o contrato, razão pela qual entende fazer jus a indenização por danos morais.

Afirma a Reclamante que durante todo contrato sempre sofreu descontos em seus salários por diferença de estoque, apesar de não ter contato com o mesmo, já que na empresa havia empregado na função de estoquista. A depoente apenas verificava o relatório por esse apresentado ao final de cada mês e o entregava ao sócio. Este, no entanto, sempre que verificava alguma diferença procedia a descontos nos salários de todos os empregados da empresa, inclusive a Autora, e no valor médio de R$ 100,00 por mês. Requer, assim, a devolução de tais descontos em dobro, e expedição de ofício ao MPT e MPF para averiguação das irregularidades.

Assim, com fundamento nos fatos relatados, bem como na legislação pertinente, a reclamante pede:

a) Declaração de nulidade de sua dispensa por justa causa e pagamento das verbas rescisórias incidentes – R$ 7.000,00;

b) Determinação de entrega de guias de FGTS, respondendo a Reclamada pela integralidade dos depósitos mensais, inclusive a indenização compensatória de 40% – R$ 5.000,00;

c) Determinação de entrega de guias para percepção do benefício do seguro desemprego;

d) Horas extras, sendo essas as excedentes da 8ª diária, e também as decorrentes da supressão do intervalo intrajornada, e suas projeções nas verbas rescisórias – R$ 8.000,00;

e) Indenização por dano moral, conforme arbitrado pelo Juízo, mas nunca inferior a R$ 10.000,00, tendo em vista os fatos narrados e a capacidade econômica da Reclamada;

f) Devolução dos descontos efetuados durante todo contrato de trabalho – R$ 2.400,00;

g) Multa do Art. 477, CLT – R$ 3.000,00;

h) Multa do Art. 467, CLT;

i) I) assistência judiciária gratuita, porquanto não tem condições de litigar sem prejuízo do sustento próprio e de sua família, o que fora declarado sob as penas da lei.

A reclamante acostou (efetivamente) aos autos cópias dos seguintes documentos: anotação do contrato de trabalho na CTPS; contracheques com descontos mensais de R$ 100,00 sob a rubrica de "vales"; comunicado de dispensa por justa causa sob alegação de insubordinação com data de 18.01.2018.

Valor atribuído à causa de R$ 35.400,00

A demandada, regularmente notificada, compareceu à audiência e, após malograda a primeira proposta conciliatória encaminhada às partes pelo juízo, apresentou defesa por escrito, aduzindo, em suma:

Pela inépcia da petição inicial quanto aos pedidos de itens E e H, uma vez que ausentes as respectivas liquidações (não havendo indicação dos valores pretendidos), na forma do Art. 840, § 1º, CLT, da petição inicial como um todo pela ausência de juntada de planilha de cálculos para que a Reclamada pudesse verificar como a Autora chegou aos valores indicados para os pedidos, e do item A, pois não indica as verbas rescisórias as quais pretende o pagamento.

Suscita, ainda, a extinção do processo com resolução do mérito pela ocorrência da prescrição bienal, pois a Reclamante foi dispensada em 18.01.2018 e ajuizou a presente ação apenas em 21.01.2020, e, portanto, mais de 2 anos após a rescisão contratual.

Assim, requer o acolhimento da prejudicial acima com a consequente extinção do processo.

Por cautela, suscita a prescrição quinquenal, no que couber.

No mérito aduz que:

a) Quanto à dispensa por justa causa da reclamante, decorreu de um ato de insubordinação da trabalhadora, pois desde sua admissão soube que uma de suas tarefas era efetuar a revista nos funcionários ao final de cada expediente. Cabe dizer que nunca houve qualquer abusividade na mesma que decorresse de determinação do apontado sócio. A revista era apenas visual de bolsas, e nunca foi relatado ao mesmo qualquer constrangimento dos funcionários. Assim, tendo a Reclamante atuado com ato de insubordinação, não restou à empresa alternativa que não a dispensa por justa causa.

b) Que houve pagamento do saldo de salário de 18 dias de Janeiro de 2018 nas dependências do escritório da Reclamada, conforme TRCT em anexo, datado de 28.01.2018, e assinado pela Reclamante e por um preposto da empresa. Que o valor foi pago em espécie.

c) Nunca houve qualquer ameaça de dispensa à Reclamante no curso do contrato de trabalho. Na verdade, apenas foram repassadas a ela as tarefas que deveria desenvolver enquanto na função de gerente.

d) A Reclamante não faz jus às alegadas horas extras, pois sempre esteve inserida na exceção do Art. 62, II, CLT, já que exercia a função de gerente. Sua função era tão de confiança que a ela era confiado o procedimento de revista, relatado pela própria na petição inicial.

Ademais, tinha poderes de gestão, podendo admitir e dispensar funcionários, além de outras punições administrativas.

e) Que conforme constam dos contracheques os descontos efetuados nos salários da Reclamante decorriam de vales (adiantamento de salários) que a empresa voluntariamente fornecia aos empregados, tudo em conformidade com os documentos anexados.

Acompanharam a defesa os seguintes documentos: contrato de trabalho com previsão da aplicação à Reclamante do Art. 62, II, CLT, TRCT com pagamento do saldo de salário de 18 dias, datado de 28.01.2018 e assinado pelas partes envolvidas, recibos de pagamento de salários com vales mensais no valor de R$ 100,00; vales devidamente assinados pela Reclamante; recibos de pagamento de salários da subgerente com salário mensal de R$ 1.200,00.

Na audiência, a reclamante impugna os documentos anexados pela Reclamada, especialmente o TRCT, vez que não recebeu qualquer pagamento quando de sua assinatura.

Foram colhidos depoimentos da Reclamante (dispensado depoimento da Reclamada), bem como de testemunhas, conforme a seguir:

DEPOIMENTO PESSOAL DA RECLAMANTE: que sempre exerceu a função de gerente, mas não tinha poderes de admissão e dispensa; que poderia aplicar punições administrativas como suspensão e advertência, mas com a concordância dos sócios da Reclamada; que laborava de segunda-feira a sexta-feira, de 09h30 às 21h00, e sábados de 11h00 às 20h00, sempre com 30 minutos de intervalo; que sempre procedeu à revista em funcionários por determinação do sócio da Reclamada; que não se sentia muito confortável com a referida situação, mas que sempre que indagava o sócio acerca do erro no procedimento era ameaçada de dispensa; que a Reclamada não fornecia vales, sendo os descontos nos contracheques referentes a possível diferença de estoque; que seu último dia de trabalho foi 18.01.2018, quando se recusou a fazer a revista ao final do expediente por ter sido ameaçada no dia anterior por uma funcionária; que a subgerente e demais funcionários eram seus subordinados, que desde que saiu da Reclamada está desempregada.

DEPOIMENTO DA PRIMEIRA TESTEMUNHA DA RECLAMANTE: Joana da Silva, vendedora, solteira.

Argui a Reclamada a contradita da referida testemunha, pois já teve um envolvimento amoroso com a Reclamante enquanto trabalhavam juntas.

A depoente nega o fato, razão pela qual o Juízo rejeita a contradita, sob os protestos da Reclamada.

A Reclamada, então, convoca para oitiva a Sra. Luzia dos Santos, subgerente da empresa, como testemunha da contradita, o que é aceito pelo Juízo, também sob os protestos da Reclamante.

DEPOIMENTO DA TESTEMUNHA DA CONTRADITA: Luzia dos Santos, subgerente, solteira. Advertida e compromissada, afirma que: labora na Reclamada desde 10.03.2017, na função de subgerente; que desde quando foi admitida sempre foi fato notório o relacionamento amoroso entre a Reclamante e a Sra. Joana da Silva; que tiveram um relacionamento relativamente duradouro e chegaram a morar juntas durante um tempo; que não sabe dizer se atualmente as duas continuam com algum relacionamento de cunho mais pessoal. Nada mais. ENCERRADO.

Em virtude do depoimento acima, o Juízo reconsidera a decisão, e acolhe a Contradita suscitada pela Reclamada, e deixa de colher o depoimento da Sra. Joana da Silva. Registrados os protestos da Reclamante, invocando, ainda, o cerceamento de defesa e a preclusão nessa decisão.

DEPOIMENTO DA SEGUNDA TESTEMUNHA DA RECLAMANTE: Lucas Pinheiro, vendedor, solteiro. Advertido e Compromissado, afirma que: laborou na Reclamada como vendedor, no período de Março a Dezembro de 2017, que laborava de 11h00 às 20h00, de segunda-feira a sábado, que normalmente quando chegava a Reclamante já estava, e que saía no mesmo horário da Autora, que às vezes a Reclamante saía um pouco antes, mas era raro, que todos tinham controle de frequência, menos a Reclamante, que era gerente; que a Reclamante não podia aplicar punições sem a autorização dos donos da empresa; que já viu a Reclamante querer aplicar uma advertência a um funcionário que tinha faltado, mas foi repreendida pelo sócio; que a Reclamante era responsável pelo procedimento de revista, mas não ficava confortável com esse papel; que o procedimento também era acompanhado de perto pelo sócio João, que era quem determinava que a Autora colocasse a mão nas bolsas e bolsos dos funcionários, que às vezes ela não queria tocar nas pessoas, mas era ameaçada de ser mandada embora; que a Reclamada só fornecia vales para alguns empregados, mas não sabe dizer quanto à Autora; que já foi descontado por falta no estoque; que nunca trabalhou no estoque, e que no contracheque o desconto veio descrito como vale. NADA MAIS. ENCERRADO.

DEPOIMENTO DA TESTEMUNHA DA RECLAMADA: Luzia dos Santos, subgerente, solteira. Advertida e compromissada, afirma que: labora na Reclamada desde 10.03.2017, na função de subgerente; que não tinha poderes de admissão e dispensa, assim como a Reclamante; que todos os funcionários eram subordinados à Autora; que nunca viu a Reclamante aplicar qualquer punição aos demais empregados; que a Reclamante era responsável pelo procedimento de revista; que a depoente passava pelo procedimento e tinha bolsas e bolsos revistados pela Reclamante; que não sabe dizer quem determinava a forma de procedimento, mas que o sócio João acompanhava e por vezes brigava com a Reclamante porque estava não estava fazendo certo; que a Reclamada nem sempre concordava em conceder vales, mas não sabe dizer se a Reclamante recebia; que a Reclamante normalmente chegava antes dos demais funcionários e era uma das últimas a sair, mas não sabe dizer ao certo seus horários; que a depoente tinha folha de ponto e nela registrava sua jornada corretamente; que as verbas rescisórias normalmente são pagas por TED e não em espécie. NADA MAIS. ENCERRADO.

Sem outras provas, encerrada a instrução.

Em razões finais, as partes reiteraram seus protestos acima, e a Reclamada requer a compensação das verbas já quitadas ao longo do contrato de trabalho.

Não houve possibilidade de conciliação.

Feito adiado *sine die*.

É o relatório.

SUGESTÃO DE ORDEM DE JULGAMENTO:

1. Direito Intertemporal – nesse caso em que o CT iniciou antes da reforma trabalhista, devemos começar com tópico de direito intertemporal – falando que o direito material respeitará o período do CT e a lei vigente a cada época, e o direito processual observará a lei em vigor quando do ajuizamento da ação.
2. Protestos pela rejeição da Contradita, que depois foi acolhida em virtude da oitiva de testemunha para a contradita (sem qualquer irregularidade) – houve acolhimento posterior da contradita porque comprovado relacionamento amoroso com a parte (Art. 457, § 2º, CPC) – comprova ausência de isenção no depoimento. Rejeitar os protestos.
3. Inépcias – ausência de planilha (o Art. 840, § 1º, CLT não determina tal juntada, mas apenas mera indicação de valores) / item A (verba rescisória decorre de lei – não há irregularidade ou prejuízo à defesa)/ item E (há indicação do mínimo pretendido –Juiz indicará e fixará sem sentença) e item H (sem liquidação – pretensão depende de ato praticado pelo réu em audiência) – rejeitar todas.
4. Forma de Dispensa – a análise ocorre, nesse caso, antes do julgamento da prescrição bienal por ser prejudicial ao julgamento da prejudicial de mérito / revista – procedimento ilícito, pois sobre corpo dos empregados e a Reclamante não poderia se recusar a fazê-lo / alegação de justa causa – ônus da Reclamada, que não comprova suas alegações

– afastar justa causa, dispensa injusta e inclusão do aviso prévio (último dia de trabalho 18.01.2018 – projeção do aviso prévio de 33 dias – data: 21.02.2018).

5. Prescrição bienal – afastar – OJ 83, SDI-1/TST – último dia 20.02.2018 – ação ajuizada em 21.01.2020 – afastar prejudicial.

6. Prescrição quinquenal – sem tempo necessário para incidência – rejeitar.

7. Verbas rescisórias pela dispensa injusta – férias integrais 2017/2018 e proporcionais 2018/2019 (01/12), ambas acrescidas de 1/3; 13º salário 02/12; saldo de salário de 18 dias de Janeiro de 2018 (deferir – tem no TRCT assinado, mas depoimento testemunha da Reclamada difere da tese de defesa quanto à forma de pagamento das verbas da rescisão); entrega documentação para saque do FGTS (responsabilizando-se a Reclamada pela integralidade dos depósitos, inclusive o período de aviso prévio e décimos terceiros salários), sob pena de pagamento do equivalente em espécie e acrescido da indenização compensatória de 40% (Lei 8.036/90, Art. 18, § 1º) e documentação que possibilite o levantamento do seguro-desemprego, sob pena de pagamento do equivalente em espécie/ baixa CTPS com projeção do aviso prévio.

8. Multa Art. 467, CLT – deferir – sobre as férias integrais (devidas mesmo no caso de justa causa).

9. Multa Art. 477, CLT – causa de pedir extraída da narrativa dos fatos – deferir, pois o saldo de salário, conforme visto acima, não foi quitado, e porque houve a conversão em dispensa injusta.

10. HE – alegação do Art. 62, II, CLT – ônus da Reclamada – requisitos: os do parágrafo único estão presentes, pois tem comprovação do salário da Reclamante ser superior em mais de 40% do valor do salário do subgerente / os do

inc. II – não há comprovação do exercício cargo de gestão, pois não tem os poderes que o equiparam ao empregador, já que no procedimento de revista sempre havia presença do sócio e também porque não tinha autonomia para aplicação de punições administrativas / afastar a exceção – fixar a jornada: segunda-feira a sexta-feira, de 10h às 20h, e sábados, de 11h às 20h, sempre com 30 min de intervalo – deferir HE com adicional de 50% e projeção nas verbas constantes do pedido e da causa de pedir / intervalo – 1 hora por dia até 10.11.2017 e reflexos / 30 min a partir de 11.11.2017 e sem reflexos pela natureza indenizatória.

11. Devolução Desconto – desfalque estoque – aplicação do CLT, Art. 462, sendo da Reclamada o ônus de comprovar suas alegações – a testemunha Reclamada afirma que a empresa nem sempre dava vales, o que é corroborado pela testemunha da Reclamante / deferir, mas sem a dobra por ausência de amparo legal.
12. Dano moral – deferir – ameaça de dispensa e empregador ainda determinava conduta irregular por parte do Reclamante no procedimento de revista – CLT, 223-G.
13. Expedição ofício MPT e MPF, por conta das irregularidades cometidas.
14. Gratuidade justiça – deferir – tem declaração de hipossuficiência econômica.
15. Compensação – alegação em razões finais – preclusão: matéria de defesa e não em razões finais – Art. 767, CLT. Não conhecer da alegação.
16. Honorários de sucumbência – ação ajuizada após a reforma – deferir 10% para os advogados de ambas as partes, sendo para o advogado da parte Autora sobre o que resultar da liquidação do pedido, e para o advogado da Reclamada sobre o proveito econômico por essa obtido, mas colocar

em condição suspensiva de exigibilidade por 2 anos, nos termos da decisão do STF.

17. Intimação das partes acerca da sentença (não ficou marcada leitura de sentença).

SUGESTÃO DE MODELO DE RESPOSTA:

RELATÓRIO

Ana Santos, devidamente qualificado, ajuizou em 21.01.2020, Reclamação Trabalhista em face de Artigos para Festas LTDA., formulando, dentre outros, os pedidos de declaração de nulidade da dispensa por justa causa e pagamento das verbas decorrentes da dispensa injusta, horas extraordinárias e indenização por dano moral, instruída com documentos.

Atribuiu-se à causa o valor de R$ 35.400,00.

Conciliação recusada.

Defesa escrita pela Reclamada suscitando preliminares de inépcia da petição inicial e prejudiciais de mérito de prescrição bienal e quinquenal, e, no mérito, requerendo a improcedência total dos pedidos.

Foram produzidas provas orais, ouvida a Reclamante em depoimento pessoal, bem como uma testemunha do Reclamante, que foi contraditada, sendo ouvida testemunha para comprovação da contradita. Em seguida colheu-se depoimento de mais uma testemunha da Autora, e uma testemunha da Reclamada.

Encerrada a instrução, sem mais provas.

Razões finais orais remissivas, permanecendo inconciliáveis as partes.

É O RELATÓRIO.

FUNDAMENTAÇÃO

DIREITO INTERTEMPORAL

As normas de direito material possuem aplicação imediata aos contratos de trabalho já firmados quando do advento da reforma trabalhista, pois que não se considera prejudicial a alteração advinda de lei.

Assim, com relação ao direito material deve ser levada em consideração a legislação vigente em cada época, respeitando-se o direito adquirido e o ato jurídico perfeito, na forma do Art. 5º, XXXVI da CRFB/88.

Já quanto ao direito processual deve ser observada a legislação em vigor quando do ajuizamento da presente ação, tendo em vista a Teoria do Isolamento dos Atos Processuais.

DOS PROTESTOS PELA REJEIÇÃO DA CONTRADITA DA PRIMEIRA TESTEMUNHA DA RECLAMANTE

Sem razão os protestos apresentados pela Reclamada, uma vez que apesar de inicialmente rejeitada a contradita suscitada pela Ré, depois de ouvida a testemunha da contradita o Juízo reconsiderou sua decisão e acolheu a contradita.

Isto porque ficou comprovado relacionamento amoroso com a parte Autora, caracterizando ausência de isenção no depoimento, na forma do Art. 457, § 2º, CPC.

Porque a contradita foi posteriormente acolhida, rejeito os protestos.

DA INÉPCIA DA PETIÇÃO INICIAL

Não há que se falar em inépcia da petição inicial, uma vez que a mesma se encontra nos moldes determinados pelo Art. 840, CLT, não possuindo qualquer dos vícios descritos no Art. 330, *caput* e § 1º, CPC, de aplicação subsidiária ao Processo do Trabalho (Art. 769, CLT).

Quanto à ausência de apresentação de planilha de cálculos com a petição inicial, cabe dizer que a exigência contida no Art. 840, § 1º da CLT é de indicação de valores para os pedidos formulados, constituindo, conforme entendimento majoritário do TST, mera estimativa, e não havendo qualquer determinação legal de juntada de planilha de cálculos.

No tocante à ausência de indicação do valor para a multa do Art. 467, CLT, não constitui incorreção da petição inicial, pois o montante a ser arbitrado depende de ato do Réu, que não é de conhecimento do Autor quando do ajuizamento a ação. Assim, apenas com a apresentação da defesa é que se terá conhecimento quanto a quais verbas foram controvertidas.

Desta forma, possível a realização de pedido genérico na forma do Art. 324, § 1º, III, CPC, de aplicação subsidiária autorizada pelo Art. 769, CLT.

Quanto ao pedido de item A, as verbas rescisórias decorrem de lei, sendo de conhecimento do Magistrado. Ademais, não houve qualquer prejuízo à defesa da Reclamada, que conseguiu apresentar a contestação de forma completa e plena.

No tocante ao item E, não há qualquer irregularidade da inicial, pois há indicação do mínimo pretendido, cabendo ao Juízo fixar o valor que entenda adequado.

Assim, por todos os aspectos, rejeito a preliminar.

DA MODALIDADE DE DISPENSA

Argui a Reclamada a justa causa como forma de extinção do contrato de trabalho, e sob a modalidade de ato de insubordinação, nos termos do Art. 482, h, CLT. Assim, como imputa fato impeditivo do direito da Reclamante, acaba a Reclamada por atrair o ônus de comprovar suas alegações, nos termos do Art. 818, II, CLT.

E a Reclamada não consegue se desincumbir de seu encargo probatório, pois não comprova os fatos narrados na defesa, senão vejamos.

As provas produzidas demonstraram que a Reclamada determinava que a Autora cometesse atos considerados ilícitos, uma vez que esta deveria realizar revistas sobre o corpo e pertences de funcionários por determinação do sócio da empresa, e sob ameaça de dispensa. Assim informou a testemunha da Reclamante em seu depoimento: "que a Reclamante era responsável pelo procedimento de revista, mas não ficava confortável com esse papel; que o procedimento também era acompanhado de perto pelo sócio João, que era quem determinava que a Autora colocasse a mão nas bolsas e bolsos dos funcionários, que às vezes ela não queria tocar nas pessoas, mas era ameaçada de ser mandada embora".

Certo, portanto, que regular a recusa da Reclamante em continuar procedendo dessa forma, não caracterizando seu ato como de insubordinação.

Assim, afasto a aplicação de justa causa, converto a dispensa em injusta e determino a inclusão do prazo do aviso prévio de 33 dias ao tempo de serviço da Reclamante, considerando como último dia laborado 21.02.2018, na forma da OJ 83, SDI-1/ C. TST.

DA PRESCRIÇÃO BIENAL

Como a relação de emprego foi extinta em 21.02.2018 e a presente Reclamação Trabalhista foi ajuizada em 21.01.2020, não há que se falar na ocorrência da prescrição bienal, uma vez que respeitado o prazo de dois anos para ajuizamento da ação após a extinção do contrato de trabalho.

Assim, rejeito a prejudicial.

PRESCRIÇÃO QUINQUENAL

Não há que se falar em prescrição quinquenal, uma vez que a Reclamação Trabalhista foi ajuizada em 21.01.2020 e o contrato iniciado em 09.01.2017, não havendo, assim, período de tempo suficiente para a incidência da alegada prescrição.

Assim, rejeito a prejudicial.

DAS VERBAS DECORRENTES DA DISPENSA INJUSTA

Em razão da conversão da dispensa para sem justa causa, julgo procedente para condenar a Reclamada ao pagamento dos pedidos de aviso prévio (33 dias), férias integrais 2017/2018 e proporcionais 2018/2019 (01/12), ambas acrescidas de 1/3; 13º salário 02/12; saldo de salário de 18 dias de Janeiro de 2018 (entende-se pela incidência dessa verba, pois apesar do TRCT assinado, o depoimento testemunha da Reclamada difere da tese de defesa quanto à forma de pagamento das verbas da rescisão. Assim, considero o saldo como não quitado); entrega de documentação para saque do FGTS (responsabilizando-se a Reclamada pela integralidade dos depósitos, inclusive o período de aviso prévio e décimos terceiros salários), sob pena de pagamento do equivalente em espécie e acrescido da indenização compensatória de 40% (Lei 8.036/90, Art. 18, § 1º) e documentação que possibilite o levantamento do seguro-desemprego, sob pena de pagamento do equivalente em espécie.

Determino a retificação da data de baixa CTPS para constar a data de 21.02.2018 em razão da projeção do aviso prévio. A Secretaria da Vara do Trabalho deve marcar dia e hora para que as partes compareçam para a retificação acima, sob pena de pagamento de multa única no valor de R$ 500,00, caso a empresa não compareça injustificadamente.

DAS MULTAS

Julgo procedente o pedido de pagamento da multa Art. 467, CLT, a incidir sobre as férias integrais 2017/2018 acrescidas de 1/3, pois incontroversas, já que seriam devidas ainda que a justa causa tivesse sido confirmada.

Julgo procedente, ainda, o pedido de pagamento da multa Art. 477, § 6º c/c § 7º da CLT, pois o saldo de salário, conforme visto acima, não foi quitado, e também pela conversão da dispensa para sem justa causa.

DAS HORAS EXTRAORDINÁRIAS

Afirma a Reclamante que exerceu a função de gerente de loja requerendo, com base nas jornadas descritas na petição inicial, o pagamento de horas extras.

Como o Réu alegou o exercício de cargo de confiança, nos moldes do art. 62, II, da CLT, atraiu o ônus de comprovar suas alegações, por se tratar de fato impeditivo do direito do demandante, de acordo com o Art. 818, II CLT.

Para que se caracterize a hipótese prevista no art. 62, II, da CLT é necessária a presença de dois requisitos, um de ordem subjetiva, que é a existência de uma fidúcia especial entre empregado e empregador, diferente daquela comum inerente a todo o contrato; e outro de ordem objetiva, ou seja, o pagamento de gratificação superior a 40% do valor do salário do cargo efetivo, conforme preconiza o parágrafo único do art. 62 da CLT.

No caso dos autos, os contracheques até indicam pagamento de remuneração superior a 40% do salário de empregado que estava subordinado à Autor, que é o caso do subgerente.

No entanto, não há comprovação de que a Autora ostentasse fidúcia diferenciada, visto que não possuía poderes que a equiparassem ao empregador, já que no procedimento de revista sempre havia presença do sócio e também porque não tinha autonomia para aplicação de punições administrativas.

Vale dizer que a confiança tratada pelo art. 62, II da CLT é exercida pelo empregado que exerce poderes típicos do empregador, inclusive confundindo-se com este em alguns atos, pois exerce poderes de gestão sem qualquer tipo de fiscalização, de forma autônoma, o que não restou comprovado no caso em tela.

Por tal motivo, concluo que o Reclamante não se enquadrava na hipótese descrita no art. 62, II, da CLT.

Assim, com base nas provas produzidas, inclusive os limites impostos na petição inicial, a confissão da Reclamante e os parâmetros trazidos pelas testemunhas, fixo à Reclamante a seguinte jornada: segunda-feira a sexta-feira, de 10h às 20h, e sábados, de 11h às 20h, sempre com 30 min de intervalo.

Julgo procedente o pedido de pagamento das horas extras trabalhadas, sendo estas as que ultrapassarem a oitava diária (conforme os limites do pedido), com acréscimo de 50%, de acordo com a jornada acima fixada, e sua projeção em RSR, aviso prévio, férias acrescidas de 1/3, 13º salários e FGTS acrescido da indenização compensatória de 40%.

Quando do pagamento devem ser levados em consideração os seguintes parâmetros: evolução salarial do Reclamante, divisor 220, exclusão das parcelas que não possuam caráter salarial, exclusão dos dias não laborados e aplicação dos adicionais legais.

Quanto ao intervalo intrajornada, tendo em vista que, após o advento da Lei nº 13.467/2017 (reforma trabalhista), a não concessão do intervalo intrajornada implica pagamento de cunho indenizatório apenas do período de pausa suprimido (art. 71, § 4º, CLT) e porque a referida lei vigeu durante parte do vínculo em análise (a partir de 11/11/2017), decido:

De 09/01/2017 até 10/11/2017, julgo procedente 1 hora extra por dia laborado, observada a jornada acima fixada, pela supressão do intervalo intrajornada, acrescida do adicional de 50% (nos moldes da Súmula 437, I, do C. TST, sem qualquer dedução dos minutos usufruídos).

Em decorrência, julgo procedente o pedido de projeção das horas extras em RSR, 13º salários, férias acrescidas de 1/3 e FGTS do período acrescido de 40%.

Incabível a projeção em aviso prévio, pois o período fixado acima não é contemporâneo ao término contratual.

De 11/11/2017 (após a edição da Lei 13.467/2017) até a extinção contratual, julgo procedente o pagamento da indenização substitutiva do intervalo intrajornada suprimido, ou seja, 30 minutos por dia laborado, observada a jornada acima fixada, com acréscimo de 50%, conforme art. 71, § 4º da CLT.

Julgo improcedente o pedido de reflexos, face à natureza indenizatória atribuída à parcela (art. 71, § 4º, CLT).

DA DEVOLUÇÃO DE DESCONTOS

Como a Reclamada afirma que os descontos efetuados a título de vale referem-se a adiantamentos salariais, acaba por atrair o ônus de comprovar suas alegações, a teor do Art. 818, II, da CLT, e pelo Princípio da Intangibilidade Salarial (Art. 462, CLT).

No entanto, a Reclamada não se desincumbe de seu encargo probatório, pois a testemunha da própria Reclamada afirma que a empresa nem sempre dava vales, o que é corroborado pela testemunha da Reclamante.

Sendo assim, tenho como inidôneos os descontos ocorridos a título de "vales", entendendo que se trata de efetivo desconto salarial, pelo que determino a devolução de tais valores, observando-se para tanto, os contracheques juntados aos autos até o presente momento.

DO DANO MORAL

Na Justiça do Trabalho o deferimento de indenizações por danos à moral deve ser limitado às hipóteses em que a dignidade ou a personalidade do trabalhador restem realmente abaladas por algum ato do empregador ou de seus prepostos.

Isto porque não se deve banalizar um instituto tão importante cujo objetivo é coibir tais práticas vexatórias, devendo a indenização possuir caráter pedagógico, visto que deve se prestar a imputar ao empregador, autor de tal dano, um sentido de penalidade que o coíba proceder de tal forma.

E é justamente esse o caso dos autos, pois a testemunha da Reclamante é clara ao afirmar "que a Reclamante era responsável pelo procedimento de revista, mas não ficava confortável com esse papel;... que às vezes ela não queria tocar nas pessoas, mas era ameaçada de ser mandada embora".

Fica claro, assim, o procedimento vexatório a que era submetido a Reclamante, que se via obrigada a proceder de forma irregular, a fim de preservar seu emprego.

Cabalmente comprovado, portanto, o dano extrapatrimonial sofrido pela Reclamante, não podendo o Poder Judiciário corroborar com tal procedimento, que causou humilhação à Reclamante.

Portanto, julgo procedente o pedido de pagamento de indenização por dano moral, no valor de R$ 9.000,00, enquadrando a conduta da Reclamada (através de um de seus sócios) como média, e levando em consideração o parâmetro trazido pelo Art. 223-G, § 1º, II e os aspectos do Art. 223-G, *caput*, da CLT.

DA GRATUIDADE DE JUSTIÇA

Após a edição da Lei nº 13.467/2017 (reforma trabalhista), para a concessão de gratuidade de justiça, não basta apenas a simples declaração de hipossuficiência econômica, sendo preciso, como regra, a comprovação de recebimento de salário cujo valor seja até 40% do teto do benefício do Regime Geral de Previdência Social.

No caso em comento, a Autora encontra-se desempregada e anexa declaração de hipossuficiência econômica.

Assim, porque atendidos os requisitos fixados pelo § 3º (ou do § 4º, se for o caso) do art. 790 da CLT, defiro o requerimento de gratuidade de justiça à Autora.

COMPENSAÇÃO

Não conheço do requerimento de compensação, pois cabível sua alegação apenas em sede de defesa, e não em razões finais, o que acarretou a preclusão temporal (Art. 767, da CLT).

DOS HONORÁRIOS ADVOCATÍCIOS

Observada a sucumbência recíproca, com fundamento no artigo 791-A, § 3º da CLT, são devidos honorários de sucumbência na seguinte proporção: ao Réu o pagamento de honorários advocatícios ao patrono da parte reclamante no importe de 10% (dez por cento) sobre o valor que resultar da liquidação da sentença. De igual modo, a parte autora é devedora do pagamento de honorários advocatícios ao patrono da parte contrária no importe de 10% (dez por cento) sobre o valor dos pedidos julgados totalmente improcedentes. Vedada a compensação nos termos do art. 791-A, § 3º da CLT.

No entanto, como houve a concessão de gratuidade de justiça à parte autora, as obrigações decorrentes da sucumbência ficarão sob condição suspensiva de exigibilidade por 2 anos após o trânsito em julgado (art. 791-A, § 4º da CLT), nos termos da decisão exarada pelo STF no julgamento da ADI 5.766.

CORREÇÃO MONETÁRIA E JUROS

Considerando o efeito vinculante e a sua eficácia *erga omnes*, e nos termos da decisão do E. STF, determino aplicação do IPCA-E acrescido dos juros legais até o ajuizamento da ação e, a partir daí, a SELIC – a qual englobará os juros e correção monetária, nos termos das ADCs 58 e 59.

IMPOSTO DE RENDA E CONTRIBUIÇÃO PREVIDENCIÁRIA

Os recolhimentos previdenciários e fiscais serão encargo da Reclamada, observados o teto de contribuição, a tabela de progressividade do imposto de renda, o regime de competência, bem como a natureza salarial das parcelas deferidas nesta decisão (nos termos do Art. 832, § 3º, CLT e Art. 28, Lei 8.212/91). Admitida, ainda, a retenção da cota-parte da Reclamante, e devendo-se observar a redação da Súmula 368, C. TST.

Não há que se falar em incidência de IR sobre os juros de mora, ante o caráter eminentemente indenizatório dessa verba.

DISPOSITIVO

ISTO POSTO, nos autos da Reclamação Trabalhista ajuizada por Ana Santos em face de Artigos para Festas LTDA., decido rejeitar os protestos suscitados e as Preliminares de Inépcia da Petição Inicial, bem como as prejudiciais de mérito de prescrição bienal e a de prescrição quinquenal, e no mérito propriamente dito julgo PROCEDENTE EM PARTE, condenando a Reclamada ao pagamento de:

- Aviso prévio (33 dias), férias integrais 2017/2018 e proporcionais 2018/2019 (01/12), ambas acrescidas de 1/3; 13º salário 02/12 e saldo de salário de 18 dias de Janeiro de 2018.
- Multa Art. 467, CLT, a incidir sobre as férias integrais 2017/2018 acrescidas de 1/3.
- Multa Art. 477, § 6º c/c § 7º da CLT.
- Horas extras trabalhadas, sendo estas as que ultrapassarem a oitava diária (conforme os limites do pedido), com acréscimo de 50%, de acordo com a jornada fixada, e sua projeção em RSR, aviso prévio, férias acrescidas de 1/3, 13º salários e FGTS acrescido da indenização compensatória de 40%.
- De 09/01/2017 até 10/11/2017, 1 hora extra por dia laborado, observada a jornada fixada, pela supressão do intervalo intrajornada, acrescida do adicional de 50% (nos moldes da Súmula 437, I, do C. TST, sem qualquer dedução dos minutos usufruídos), e projeção das horas extras em RSR, 13º salários, férias acrescidas de 1/3 e FGTS do período acrescido de 40%.
- De 11/11/2017 (após a edição da Lei 13.467/2017) até a extinção contratual, a indenização substitutiva do intervalo intrajornada suprimido, ou seja, 30 minutos por dia laborado, observada a jornada fixada.

- Dos montantes descontados a título de "vales", observando-se para tanto os contracheques juntados aos autos até o presente momento.
- Indenização por dano moral, no valor de R$ 9.000,00.
- Observada a sucumbência recíproca, com fundamento no artigo 791-A, § 3º da CLT, são devidos honorários de sucumbência na seguinte proporção: ao Réu o pagamento de honorários advocatícios ao patrono da parte reclamante no importe de 10% (dez por cento) sobre o valor que resultar da liquidação da sentença. De igual modo, a parte autora é devedora do pagamento de honorários advocatícios ao patrono da parte contrária no importe de 10% (dez por cento) sobre o valor dos pedidos julgados totalmente improcedentes. Vedada a compensação nos termos do art. 791-A, § 3º da CLT.

No entanto, como houve a concessão de gratuidade de justiça à parte autora, as obrigações decorrentes da sucumbência ficarão sob condição suspensiva de exigibilidade por 2 anos após o trânsito em julgado (art. 791-A, § 4º da CLT), nos termos da decisão exarada pelo STF no julgamento da ADI 5.766.

Determino a entrega de documentação para saque do FGTS (responsabilizando-se a Reclamada pela integralidade dos depósitos, inclusive o período de aviso prévio e décimos terceiros salários), sob pena de pagamento do equivalente em espécie e acrescido da indenização compensatória de 40% (Lei 8.036/90, Art. 18, § 1º) e documentação que possibilite o levantamento do seguro-desemprego, sob pena de pagamento do equivalente em espécie.

Determino a retificação da data de baixa CTPS para constar a data de 21.02.2018 em razão da projeção do aviso prévio. A Secretaria da Vara do Trabalho deve marcar dia e hora para que as partes compareçam para a retificação acima, sob pena de pagamento de multa única no valor de R$ 500,00, caso a empresa não compareça injustificadamente.

Acresçam-se à condenação correção monetária e juros de mora.

Prazo de cumprimento de 8 dias.

Transitada em julgado a decisão deve a Reclamada comprovar nos autos o recolhimento da contribuição previdenciária incidente sobre as parcelas acima deferidas, tendo em vista sua natureza salarial ou indenizatória, de acordo com o Art. 28, § 9º, Lei nº 8.212/91, sob pena de execução.

Quando do pagamento ao credor deve ser retido o valor do imposto de renda devido e que deve ser recolhido pela parte Ré, não havendo incidência, no entanto, sobre parcelas indenizatórias e juros de mora.

Por conta das irregularidades cometidas determino a Expedição ofício ao MPT e MPF.

Custas de R$ 800,00, calculadas sobre o valor atribuído à condenação de R$ 40.000,00, de acordo com o Art. 789, IV, CLT, pela Reclamada.

Intimem-se.

CAPÍTULO 8

CONCLUSÃO

Chegamos ao fim do nosso livro de sentença não com a intenção de ter esgotado todas as matérias e todos os assuntos que podem ser abordados na prova, até porque isso seria impossível.

Nossa intenção foi inicialmente desmistificar essa etapa do Concurso para a Magistratura do Trabalho para mostrar que é possível passar, desde que o candidato estude da forma correta, fazendo muitos exercícios, sabendo ordens de julgamento, atentando para a questão da ordem de prejudicialidade e adotando seus próprios modelos.

Em seguida aliamos a parte teórica à visão prática, pois ambas precisam ser exploradas pelo candidato, sendo objeto de atenção pelo examinador quando da correção da prova.

Trouxemos alguns exercícios de fixação de jornada de trabalho, e também sentenças inéditas, explicando a ordem de julgamento que mais se adequa a cada prova, bem como sugestão de resposta para análise pelo leitor.

Por derradeiro, ressaltamos que passar no Concurso para a Magistratura do Trabalho requer muito esforço e muita dedicação, e tentamos trazer com esse livro algumas dicas e pontos de vista importantes que auxiliarão vocês desde a estruturação até a redação da prova.

Esperamos que vocês tenham gostado e contamos com vocês que desejam trilhar o caminho até a tão sonhada aprovação.

Qualquer contato será bem vindo.

contato@profalineleporaci.com.br

Instagram – @profalineleporaci

BIBLIOGRAFIA

AMENDOEIRA JR. Sidnei. MANUAL DE PROCESSO CIVIL, vol. I, Saraiva, 2012.

ALMEIDA de, Cleber Lúcio. DIREITO PROCESSUAL DO TRABALHO. Jus Podivm, 2019, 7ª edição.

MIESSA, Élisson. CURSO DE DIREITO PROCESSUAL DO TRABALHO. Jus Podivm, 2021. 8ª edição.

SCHIAVI, Mauro. Manual de Direito Processual do Trabalho. São Paulo. Ed. LTR, 2019, 15ª edição.